聞法の用意

［校訂版］

蜂屋賢喜代

法藏館

聞法の用意〔校訂版〕目次

聞法の用意［校訂版］

凡　例

一、引用文献および本文の漢字は、常用体のあるものは、常用体を使用した。

一、歴史的仮名遣いは、すべて現代仮名遣いに改めた。

一、読みにくい漢字や、当て字などは、平仮名に改めた。

一、聖教の引用は、『真宗聖典』（東本願寺出版部刊）によった。

一、『真宗聖典』は、「聖典」と略記し、引用の頁数を付した。

一、大千世界に、みてらん火をもすぎゆきて

たとい大千世界《だいせんせかい》に
　みてらん火《ひ》をもすぎゆきて
　仏《ぶつ》の御《み》名《な》をきくひとは
　ながく不退《ふたい》にかなうなり
（『浄土和讃』聖典四八一頁）

これは
設満世界火《せつまんせかいか》、必過要聞法《ひっかようもんぼう》（設《たと》い世界に満《み》てらん火をも、必ず過《す》ぎて要《もと》めて法を聞かば）
会当成仏道《かいとうじょうぶつどう》、広済生死流《こうさいしょうじる》（会《かな》らず当《まさ》に仏道《ぶつどう》を成《じょう》じて、広く生死《しょうじ》の流《ながれ》を済《わた》らん）
とある経典の意味を、誰人《だれひと》にも解し易《やす》いように親鸞聖人《しんらんしょうにん》が和讃《わさん》せられたのであります。そのすぐ前のところに、
寿命は甚《はなは》だ得難《えがた》し、仏世《ぶっせ》亦値《またあ》い難《がた》し。人、信慧《しんえ》あること難し。若《も》し聞《き》かば精進《しょうじん》

して求《もと》めよ、法《ほう》を聞《き》いて能《よ》く忘《わす》れず、見《み》て敬《うやま》い得《え》て大《おお》きに慶《よろこ》べば、則《すなわ》ち我《わ》が善《よ》き親友《しんぬ》なり是《こ》の故《ゆえ》に当《まさ》に意《こころ》を発《おこ》すべし。

と釈尊は申されております。これを親鸞聖人は和讃に、

他力《たりき》の信心《しんじん》うるひとを
うやまいおおきによろこべば
すなわちわが親友《しんぬ》ぞと
教主世尊《きょうしゅせそん》はほめたまう
（『正像末和讃』聖典五〇五頁）

と申されておるのであります。和讃《わさん》と経典《きょうてん》とを対照して味わいますと、まことに意味深重《いみしんじゅう》であります。経には、「設《たと》い世界に満てらん火をも必ず過ぎて、要《もと》めて法を聞かば」とありますのを、和讃には、「たとい大千世界に、みてらん火をもすぎゆきて」と申されました。これによっても求道《きゅうどう》と聞法《もんぼう》のいかに難渋《なんじゅう》であるかが分かります。私は母を連れて法話にゆく時、何時も心の中でこの和讃を誦《じゅ》せぬことはないのであります。何ゆえ、そう出にくいのかと思いますが、静かに考えますと、そこには相応に理由が存《そん》するのであって、なかなか容易に出られないのだなあと、しみじみ思い

やらざるを得なくなります。それについて、いよいよ、大千世界にみてらん火をも通過して、聞法に出かける心懸《こころがけ》の必要なことを思うのであります。

食事の準備もせねばならぬ、孫の世話もせねばならぬ、来客がある、用事が積み重なっておる、労作《ろうさく》に疲れて余力がない、身支度もせにゃならぬ、ちとでも休養をとりたいとも思うのであろうし、その上に、家の者は不自由であるから出ることを喜ばぬ。それで、自然自分の脚《あし》は前へ進み兼《か》ね、家の者や用事は後から引っぱっているというのですから、それらを切り抜けて聞法に出るという事は、まことに大千世界の火の中を通り抜ける程の勇猛心《ゆうもうしん》がなくては、できぬことであります。

ある信徒の一人《にん》は申されました。

「働きざかりの私共が、こうして聞法に出かけるのは容易《ようい》なことではありません。働いても働いても幸福になれないのでありますから、もっともっと働かねばならぬと思うばかりであります、そのために心は何時も焦躁《しょうそう》していまして、夜も昼も心身を働かし通しでいるのです。働いても働いても金が儲《もう》からぬのですもの、もっともっと働いてと考えています。それゆえ、とても一応《おう》や二応《おう》のことでは聞法の時間は得られません。自分は多少とも聞法の幸福が解りましたから、断然《だんぜん》商売のことをやめて聞くのですけれども、今まではなかなか聞けませなんだ、多くの人も恐らく同様であろうと考えます」

と話されたことがあります。目前の都合や幸福に心を奪われて、根本の幸福について道《みち》を求めようとしないため、家事を切り抜けて聞法するという事は、世界に満つる火を超えてゆく心がなければ、なかなかできないものであります。

道を求めず、法を聞かずに過ぎている日常生活が、されば、どれほど自分を幸福にしているのかと考えますと、それはまことに哀《あわ》れにも悲しき姿であって、焦《い》ら焦らして悩んだり、不安に襲われたり不満足や無意義に苦しんでいるばかりのことなのであります。

二、生活の無意味

母は、近来《きんらい》、口癖《くちぐせ》のように「つまらぬ事じゃ」「しょうもない事じゃ」と毎日いうて働いています。何がそうつまらぬのかといいますと、毎日同じことばかりして、台所に居て、飯を炊《た》いたり、茶碗を洗うたり、膳を出したり、また茶碗を洗うたり。洗濯したり、縫うたり張《は》ったり、また洗濯したり、毎日起きては同じことをして、一日中ジタバタジタバタと追っかけられているように働いているが、そして、それが何になるのかと考えてみると、六十年間も同じようなことばかりしているのじゃないか。考えてみると実に「しょうもない事」じゃと思うというのであります。

あまり「しょうもない事じゃ」を毎日毎日繰り返されると、仕舞《しまい》には私までが「しょうもない事じゃ」と思われてくるのです。「つまらぬ事じゃ」と思い出すと、人間のしている事は、つまらぬ事、しようもない事ばかりを繰り返しているのであって、どれだけ幸福になったのかと考えてみると、本当に味気《あじき》ない心になるものであります。同じ事ばかりしているのは女ばかりではありません。男でも同様に女の台所の仕事の様に同じ事ばかり繰り返して、疲れたり心配したりしているもので、そしてつまらぬつまらぬと思いながら、そのなかに座り込んでいて、幸福の道へ出ようと道を求むることをせず、依然としてそれに引っかかって、その事と首引《くびびき》をしているのであります。

そしてその事を一生懸命やっていさえすれば、幸福になれる様な気がして、愚痴《ぐち》をこぼしながらも辛抱《しんぼう》しているのであり、そこから逃れ出る一時間二時間も、大変な損をする様な気がしたり、たとい出るとしても、火の中を通過するような大儀《たいぎ》さと危険さを感ずるのであります。

三、不退転

「仏の御名《みな》をきくひとは、ながく不退《ふたい》にかなうなり」（『浄土和讃』聖典四八一頁）と、親鸞聖人は勧めておられるのであります。ただ聞法といわずに、仏の御名《みな》を聞く人と申されています。仏の御名《みな》を聞くということは、それが私共の助かる唯《ただ》一つの道であり、光の道に出ずることであるからであります。「会《かな》らず当《まさ》に仏道を成《じょう》ずべし」とあるのを、「ながく不退《ふたい》にかなうなり」と申されました。私共は不退転《ふたいてん》にさえなれば十分なのであります。不退転というのは、涅槃《ねはん》という無上の幸福に向かうばかり、近づくばかりとなるのであって、退きさえしなければ、それは進展の外はありません、それが唯一の幸福なのであります。不退転の位《くらい》は信によってうるのでありますから、信が即《すなわ》ち不退転であります。御名によって本願《ほんがん》の旨《むね》を信じたものは、光の道に出たものでありますから、どんなことがあっても進むばかりで退かぬのであります。

成仏《じょうぶつ》は究極《きゅうきょく》の理想でありますけれども、私共は成仏のみを狙《ねら》うべきではありません。成仏を願うならば不退の道にさえ出ればいいのであります。成仏は、不退の自然の結果であって、決して私共の狙うべきことではないのであります。私共人間として此の人世《じんせ》にある間《あいだ》は、不退転に住《じゅう》しさえすれば十分なのであり、此の幸福の曙光《しょこう》が次第しだいに明るくなり、強くさえなってゆけば、それが此の人生《じんせい》の最上の幸福なのであります。それで「広済生死流《こうさいしょうじる》（広く生死の流をわたる）」、広く人世の苦海《くかい》を難なく渡ってゆけるのであります。人世の苦海は、渡り得ぬものにとっては永久の苦海でありますが、広く一切の苦を渡りうるものには、渡りうるその事が楽しみとなり幸福となるのであります。

大悲《だいひ》の願船《がんせん》に乗《じょう》じて光明《こうみょう》の広海《こうかい》に浮かびぬれば、至徳《しとく》の風《かぜ》静に衆禍《しゅか》の波《なみ》転ず。

（「行巻」聖典一九二頁）

と喜ばれました聖人の法悦《ほうえつ》は、かかる意味であろうと思います。光明の広海と衆禍の波とは、二つあるのではありません。『歎異鈔《たんにしょう》』に、

弥陀の願船《がんせん》に乗《じょう》じて、生死《しょうじ》の苦海《くかい》をわたり、

（聖典六三六頁）

と申されたのも此意味でありましょう。

四、現在世、現在身、現在心

我が聖人の教《おしえ》は、不退転の位《くらい》に住《じゅう》せしめたいのであります。不退転位《ふたいてんい》は信に依《よ》ってうるのであります。信中心の教えであります。信心《しんじん》中心ということは、現在世《げんざいせ》、現在《げんざい》身《しん》、現在心《げんざいしん》において、光に触れることであって、これによって現在身に起点をもって、現在世の生死《しょうじ》一切《いっさい》の苦に処し得べき心となることであります。此の心に住《じゅう》することは、未来に向かっては光あり意義ある生活に入るのであり、未来に向かっての意義あり光ある現在の生活こそは、幸福なる生活であります。いたずらに未来の幸福のみ願うというその心は、いかがなものでしょうか、これはよほど静思《せいし》熟考《じゅっこう》を要すること

であります。此の生が悩《なや》ましいから、未来の成仏を願うというならば、此の生が悩ましくない様にと、願い求めねばならぬのであります。死が悩ましいから未来の極楽《ごくらく》を願うというならば、極楽をのぞむに先立ちて、死の悩ましくない心を得ねばならぬのではありませんか。信は能《よ》く此の生死《しょうじ》海《かい》を超《こ》えしめ、渡らしむる力であります。信が生《せい》と死《し》とを能く渡る力であるならば、何時までも命《いのち》のあらん限りは、能く生きうる力であって、死を求むる必要はなくなるのであります。信力《しんりき》がよく生死の流れを渡りうるならば、死すべき時に死しうる力となって、死を畏《おそ》れ厭《いと》う筈はないのであります。それが能く生死しうる力であります、此の力あってこそ、生死の中にあって能く渡りうるのであります。本来人間として死にたいものは一人もないのであります。能く生きうる力を得て能《あた》う限り生きたいのが人間本来の志願《しがん》なのであります。能く生きうるということは、生死《しょうじ》に処して生死しうることであります。聖人の教《おしえ》は未来の救いではなくして、現在心《げんざいしん》の救いであります。私共は現在においてのみ、確実に生きておるのであり、現在においてのみ確かに苦しんでおり、現在において、その救いをもとめているのであります。我聖人の信の教えこそは、私共の本当に願うところであり、本当に助かる道であります。現在心をすて、現在の生を閑却して、どこに信の権威がありましょう。どこに救済の価値がありましょう。此の意味から聖人の信の教えは、まことに私共の命であり世の光であります。

私の母は時々、死にたいといいます、早く死にたいと申します。本当ですかと尋ねると、本当であると申します。その時には本当にそう思うらしいのです、何故《なにゆえ》であるかというと「この上、何程長《なにほどなが》らえても、老いれば老いるほど、自分は老苦に悩まねばならぬ、そしていろいろの苦をうけねばならぬ、人生《じんせい》は此んなものだ、いくら生きたってさほど芳《かんば》しい事はないのだ」といいます。そう思うのは実に無理もないようであります。自由に動ける位《くらい》で死ねばよいと思うのでありましょう。これを聞かさるる時、私は静かに考えさされます。うかうかしていると、私も直《じき》に同じ言葉を繰り返さねばならぬようになるのを思うからであります。世間並にいいますならば、母は楽天家の方《ほう》であり、物に屈託《くったく》しない性分《しょうぶん》であり，取越苦労《とりこしくろう》をせぬ方であり、世間普通の楽しみも味わいうる方なのでありますが、つくづく考えてみれば、結局そう思うのでありましょう。しかしそこに問題が残っていると思います。聞法をちっとも心得ぬ人達が、死ぬことを考えなかったり、死ぬことを大変嫌がったりして、一途《いちず》に生き長《なが》らえることばかり考え、世間的の享楽《きょうらく》に浮かれているのも感心せぬことでありますが、さればといって、母の如く死を望む心もそこに怪《あや》しい点があります。

五、死んでどうなるのか

「死んでどうするのですか」

「死んで御浄土《おじょうど》へまいるのじゃないか」

「きっと御浄土へまいれると思いますか」

「そう膝詰《ひざづ》めにいわれると困るけれども」

そこに怪しいところがあります。

「御浄土にまいれば仏に成《な》らして下さる」

「仏になって何をするのですか」

「結構じゃないか、うるさい事はなくなるし、いろいろ結構なことが得さして貰えるというじゃないか」

「そうですか、働かずともいいし、洗濯や張物《はりもの》や飯炊きもせんでいいし、百味《み》の飲食《おんじき》が欲しいと思えばすぐ来るし、お金の要ることはなし、寝たい時に寝て起きたい時に起きて、毎日音楽の聞きずめで毎日音楽会にいっているようなものだし」

「しかし、そういわれてみると、お金持ちの隠居さんのようで、結構じゃけれども、毎日そんな事だったら、それも、また、つまらぬ事じゃろなあ」

「さあ、そこですよ」

「そうすると、洗濯しているのがよいのかしらん」

そこにも怪しい点があります。

現在に無意義を感ずると、浄土を願うようになり、身が苦しくなると極楽が恋しくなり、心に悩む事が起こると死を願ってみたりするのですが、要するに、それは浄土とか極楽とかを仮想《かそう》して、享楽《きょうらく》しているのではありますまいか。そして、ちょっと現在の切《せつ》ない心の、心《こころ》やりをしているのではありますまいか。それゆえ少し気分の好い時は、ニコニコして孫を相手にしたり、些細な事を喜んだりして、現在の生に没頭して満足しているのであります。

六、還り来たらんがためなり

「此《こ》んな奴《やつ》が御浄土にまいらして貰うとは有難いことじゃあなあ」
「何が有難いのですか」
「もうもう此んなうるさいことがなくなるから」
「御浄土へは、なかなか参れないから大丈夫でしょうが、もし参れたらすぐ此の世界へ戻って来るのですよ」
「嘘だろう、そんなことをいうて、又いやがらすのだろう」
「本当ですよ、御経《おきょう》にかいてある、如来さまの浄土へ参ったら、参るなりすぐピョンとここへ還って来るのです、参れなんだら、それこそ大丈夫、ここへは還って来られないそうです」
「本当かいな、そんな事じゃったら、又御飯炊きをせにゃあならぬがな」

「御開山聖人はここが好きで、何遍でも何遍でもここへ還らして貰えるのが嬉しいので、本願《ほんがん》を喜ばれたのです、そして可愛《かあ》いい衆生《しゅじょう》のために働きたいというのが、御開山聖人の御心《おこころ》なんです、その御心なればこそ、本願に助けられるのです」
「そんならどうしたらよいのかいな、そんなら一体仏になるということはどういうことなんか」
「まあここらで止めておきましょう」
「いや大事なことじゃや、聞かしておくれ」
「大根を切り切り、こんな大事なことが言うてもわかるものですか」

七、生に処し死に処する力

親鸞聖人の教えられた本願の念仏は、生《せい》に対して悩み、死《し》に対して悩む私の心が、念仏によって仏の本願を知る、それ一つに安住《あんじゅう》して、能く現実の生に処《しょ》すること得《え》、死に処《しょ》することをうるにあるのであります。

父の死に先立つ四、五日前に、私《わたし》は父の死を知りつつ「もう四、五年生きる元気はありませんか」と尋ねてみると、父は「もう結構だ、わたしは何もかも、これで結構だ」といいました。「そんなら私のために、私を助けるために、もう二、三年助けてくれませんか」と願うてみたら、父は矢張り「もう御免だ」とことわって笑うていました。そして極めてしずかに死んでゆきました。

私は晩年の父が、精一杯、根限《こんかぎ》り私のために働いてくれた、あの自我欲のない利他的の行為を尊く思います。そして再び起《た》つ見込みのない廃朽《はいきゅう》の自身を知って「もう駄目じゃ、もう御免だ」といって、平気《へいき》に往生を待っていました、その雄々しい姿の上に、能く生《せい》に処し、能く死に処した尊さを、見せてもらったことを喜んでいるのであります。

八、不如求道

仮使有仏《けしうぶつ》、百千億万《ひゃくせんおくまん》、無量大聖《むりょうだいしょう》、数如恒沙《しゅにょごうじゃ》、供養一切《くよういっさい》、斯等諸仏《しとうしょぶつ》、不如求道《ふにょぐどう》、堅正不却《けんしょうふきゃく》。

（たとい仏まします。百千億万、無量の大聖《だいしょう》、数《かず》、恒沙《ごうじゃ》のごとくならん。一切の、これらの諸仏を供養《くよう》せんよりは、道《どう》を求めて、堅正《けんしょう》にして却《しりぞ》かざらんには如かじ）

（『無量寿経』聖典一二頁）

これは経典の中にある法蔵菩薩《ほうぞうぼさつ》のお言葉であります。何よりも道を求むる心を発《おこ》して、此の心を失わないように、此の心を堅正《けんしょう》にしてたえず退かず、求めてゆくことが、何よりも大事であることを示されたのであります。

たとい仏まします。百千億万、無量の大聖、数、恒沙のごとくならん。一切の、これらの諸仏を供養せんよりは、道を求めて、堅正にして却かざらんには如かじ。

と申されてあるのです。

供養ということは恭敬《きょうけい》することであり、崇拝《すうはい》することであり、私淑憧憬《ししゅくどうけい》することであって、随って物を供え献することともなるのであります。それはまことに尊いことでありますけれども、如何に憧憬《どうけい》し如何に崇拝しても、そのことによって自分の道が得られるようになることはないのであります。それゆえ、我《われ》は、それらの方々《かたがた》に親しみ崇拝することをやめて、自分の道を自分の道をと、ひたすら、我が道を求めて進んでゆこうという念願《ねんがん》をたてられたのであります。如何に仏を尊敬しても、自分の道を求めなければ道は分からず、自分の幸福《しあわせ》はやって来ないのであります。

自宗と他宗、自教と他教の別ちなく、道を求むるものの陥《おちい》らんとする点であります。ともすると道を求むる手を弛《ゆる》めて、供養《くよう》思想となろうとするものであります。朝夕に仏を礼拝したり、物を供えたり自分の尊敬せる人に親しんだり、供養を捧げたりしておれば、自然に道が得らるるかの如く考え易《やす》いものであります。現代の宗教心の多くは、皆そこらに止まっているのではありますまいか。どうも供養思想の宗教心であると思えます。それは悪いことでもありますまいが、それくらいのところにいつまでも停滞《ていたい》しているようでは、真の安心も、真の救いも、得られる時はないのであります。私共は真実に自分を可愛がって、自分の幸福になる道を、あくまでも専心《せんしん》に求むることを怠ってはならぬのであります。

九、供養思想と求道心

道を求めるとは、どんなことをするのかといえば、此の苦しみの心を救われたいと、心から真《しん》に願うことが必要なのであります。即ち願《がん》を発《おこ》すのであります。願を建てるのであります。願は仏《ぶつ》の建てらるるものであって、我々の建てるものではないと思うていてはなりません。仏は助けたいという願を立てられたが、私共は助かりたいという願を立てねばならぬのであります。仏は助けたいために行《ぎょう》を積《つ》まれたのですが、私共は助かるために行《ぎょう》を履《ふ》まねばならぬのであります。求道上、私共の最も悲しむべきことは、此の願が立っておらぬということであります。「助かるなら助けてもらおうか」くらいに思っているのでは願が建っておるのではありません。どうでもこうでも助からねばならぬ、助からねばおかぬと、しかと願をたてずに助かる事はもうありません。こちらはどうあっても仏は助けて下さるなどと思うていては、助かることは滅多にありません。それゆえ求道心《きゅうどうしん》は道をうる命《いのち》であります。供養《くよう》思想と求道心ということについて深く省《かえり》みねばなりません。

一〇、求道と聞法

道を求めてやまぬ心をおこして、さてどうすればよいのかといえば、聞《き》くのでありますす、聞法《もんぼう》するのであります。道を求め、道を得たいと願うならば、聞くことによらねばならぬのであると、私共は親鸞聖人《しんらんしょうにん》から教えられているのであります。

何を聞くのであるかというと、聖人は、

仏願の生起《しょうき》・本末《ほんまつ》を聞《き》きて疑心《ぎしん》あることなし。これを「聞《もん》」と曰《い》うなり。

（「信巻」聖典二四〇頁）

と申されています。即ち本願《ほんがん》を聞くのであります。名号《みょうごう》のいわれを聞《き》くのでありま す。本願の名号を聞くのであります。名号は本願からあらわれて来たものであるが、その本願の起こった所以《ゆえん》と、本願の精神と、その本願成就《ほんがんじょうじゅ》のために苦心苦労を積んで下されて、今や南無阿弥陀仏《なむあみだぶつ》となって、私の上に来て下さってあることを聞いて、一点の疑心《ぎしん》なく、安心と歓喜をうるに至《いた》ったのを、真《しん》に聞いたというのであると、申されておるのであります。すなわち法を聞いて疑心のなくなったのを、聞《もん》というのでであります。聞《もん》がついに信《しん》にならねば、真《しん》に聞《き》こえたのではありません。

この聞が信になるということが、はなはだ難《むつか》しいことなのでありまして、それがため人々は困るのであります。困るがために、よい加減のところで、勝手にやめて置こうとするにいたるのであります。しかし、自分勝手によい加減に胸をさすっていたって、それは疑いがなくなったのでもなく、安心《あんしん》ができたのでもありませんから、何の所詮《しょせん》もないこととなってしまいます。「仏願の生起《しょうき》・本末《ほんまつ》を聞《き》きて」ということは、本願《ほんがん》の話を聞くことのように思っているのが普通ですが、仏や本願を向こうに置いて、話を聞いていることは、至極易《やす》いことですが、「疑心あることなし」と仏の本願が自分のものとなることは、なかなか難しいことであります。「念仏するばかりで助けて下さる」とか、「たのむばかりで助けて下さる」とか、「このままでこの心のままでよいのだ」とか、「全く他力《たりき》で助けて下さる」とか、「たとい罪業《ざいごう》は深重《じんじゅう》なりとも、かならず弥陀如来《にょらい》はすくいましますべし」（『御文』聖典八三二～八三三頁）とかいうことは、誰でも知っており、聞けばすぐ解ることでありますが、それが疑いなく自分のものとなることは、なかなかできにくいことであります。本願を聞くことは易いが、信ずることが難しいのであります。それゆえ、経には「極難信《ごくなんしん》」とか「難中之難《なんちゅうしなん》」とか「無過此難《むかしなん》」とか申されまして、信ということになると、ちっとも易いなどとは申しておられないのであります。人々が易《やす》い安《やす》いというているのは、それは、こちらから勝手にいうているのであります。他力《たりき》とか易行《いぎょう》とかいうことは、仏の本願のことをいうのであって、自力《じりき》の行《ぎょう》に比べて、大慈悲《だいじひ》の本願念仏を、他力易行《たりきいぎょう》というのであります。

私共としては、本願に依《よ》るより外《ほか》に助かる道はなく、本願念仏《ほんがんねんぶつ》の易行に依るより外はないのでありますけれども、何もせずともよい、聞かずともよい、聞いてわからずともよい、どうでもよい、助かるということではありません。信で助かるのであります。

一代諸教《だいしょきょう》の信よりも
弘願《ぐがん》の信楽《しんぎょう》なおかたし
難中之難《なんちゅうしなん》とときたまい

（『浄土和讃』聖典四八五頁）

無過此難《むかしなん》とのべたまう

一一、憍慢と弊と懈怠

ちょっと、聞いて解りかねると、これは難しい、これはかなわぬとすぐやめようとする人があります。やめるならやめてもよろしい、よろしいけれども自分の苦しみの助かる道がどこかにあるのですか。それは本当に自分を可愛がっておらぬ証拠であります。それゆえ、たとい、やめぬにしても、そんな心が時々起こるのは、求道《きゅうどう》の念願がはっきり立っていないからであります。聞かなくても幸福に生きてゆけるのならば、始めから聞かぬ方が、結句《けっく》厄介《やっかい》がなくていいのであります。聞こうと志したのは、現在においても、未来に対しても、安心と満足をうる道がないからであります。本当に助かりたい仕合《しあわ》せになりたいと思うたものならば、道を求めてやめにしようなどとは考えられぬことであります。そんな心の起こるのが懈怠心《けだいしん》というのであります。経に、

憍慢《きょうまん》と弊《へい》と懈怠《けだい》とは、もってこの法を信じ難し。（『無量寿経』聖典五〇頁）

とあります。助かる道である法が難ではありません。それは他力本願でありますから、私共には何の力も行も要らないのでありますが、懈怠《けだい》の心が礙《さわ》りとなり、それがために、難しくなるのであります。だから聞かねばならぬのであります。

一二、聞について

求道《きゅうどう》は聞法《もんぼう》となるのであります。それについて、聞《もん》、思《し》、修《しゅう》ということがあります。第一には聞《き》くのです。智慧《ちえ》のありだけを尽してやってきた人生に、安心《あんしん》がなく、歓喜《かんぎ》がなく、幸福《こうふく》がなく、一切《いっさい》の苦悩がなくならぬと気づいて、道を新たに求めるならば、自力我慢《じりきがまん》の方向転換をして、他力救済《たりききゅうさい》の道を聞くのであります。

聞くというのは人から聞くのであります、古人《こじん》からでも今人《こんじん》からでも聞くのでありますす。耳から聞くばかりが聞くのではありません、眼からも聞くのであります。書物を読むということは、今人や古人から聞くことであります。すなわち聞く方法としては耳から心へと、眼から心へとの、二方法があるのであります。何を聞くのかといえば、これにも二方面がありまして、先にいいました、仏の本願を聞くことと、自分すなわち我《われ》というものを聞くのであります。我を聞き、我が心が知れてくるところに、仏の本願の思し召しが分かって来て、本願が聞こえてくるのであります。ただ本願を耳に聞くことは楽でありますけれども、我が知れるまで聞くということは、嫌《いや》なことであり、難しいことであり、面倒な事であるから、なるべく聞くまいとするものでありまして、楽な方だけやっておこうとするのであります。お互いに人間というものは、愚《おろか》といおうか何といおうか、面白いものであります。安いというと、それは誤りであってもかまわぬ、その方がよいという気になるものであります。いずれ後になって後悔するのですけれども、その時には、かまわぬとまで思うものであります。始めは一大事じゃなどと思うていますが、終にはどうでもよいと思うのであります。しかしながら、私と仏と、此の二つが明らかにならずに助かることは、決してないのでありますす。ですから、聞くとならば多少は難しくとも、この二つのためには、つとめにつとめて精一杯の努力をせねばなりません。此の意味から、老人も常に青年でなければならぬのであります。真実に安心して真の仕合《しあわ》せとなるまでは、生命《せいめい》を大切にして、体齢《たいれい》が加わっても、心齢《しんれい》は殖《ふ》やさぬように、心がけねばなりません。青年は、余りにも気が短過ぎる傾向があり、それがために簡単好きとなって道を失し、老人には根気がなく、安逸《あんいつ》を貪《むさぼ》らんとする欲心《よくしん》のために、努力精進をしなくなります。青年には欲がなさすぎる点があり、老人には、欲がありすぎる点があります。青年は元気がありすぎて短気であり、老人は元気が衰えて気が短くなっております。蓮如上人《れんにょしょうにん》は、五十歳を過ぎては、道の話はだめだと申していられます。そして、

わかきとき、仏法はたしなめ。（『蓮如上人御一代記聞書』聖典八六七頁）

と、くれぐれ申されています。これは蓮如上人の人生経験の実感でありましょう。求道と年齢ということを考えさされます。注意をせねばならぬことであります。

一三、貪欲の禍

聞法《もんぼう》ということについて、尚、考えさされることは、愚痴《ぐち》即ち莫迦《ばか》ということと、

貪欲《どんよく》即ち欲が深すぎるということであります。欲が深いというと、善《よ》いようですが、その根が愚痴から出ているのですから、いけないのであります。欲といっても、それが本当の智慧《ちえ》から出ているのでしたら、善《よ》いのですけれども、それがそうでないがため、努力した結果は一向つまらぬこととなって仕舞います。

例えて言ってみますと、私の母です。母のことをまた引っ張り出しました。遠方から講話《こうわ》の案内を受けます、そうすると、「どうしようか」と申しますから、私は大抵の場合「いっていらっしゃい」とすすめます。それは母としての幸福は、此の世に命のあるかぎり、彼《かれ》の幸福としては、求道聞法の外にはないと思うているからであります。彼の聞法歓喜は彼自身のみならず、きっとそれが何等かの形において他の者の幸福ともなるのであります、正しき求道と正しき門法とは誰《たれ》にあっても常にそうであります。信の増長は自他の幸福となるに定《き》まっています。

多忙な家事をすてて出るという事は、他の者に迷惑をかけることであると考えます、そして、帰ってから忙しい目をせねばならぬと考えるようであります。しかし、平生《へいぜい》にはそれほど大切に時間を使うているかといえば、そうばかりではありません。随分くだらぬ話をして、時間をつぶしていることも多いのであります。しかるに、さて半日を聴聞に費やすかと思うと、惜しくてたまらなくなるのであります。これは一種の欲であります。そして、それほど働いて、それによって自分や他の者が、どれほど幸福になりつつあるかと考えるならば、同じことを繰り返しているに過ぎないのでありま す。それゆえ多少の不便や気兼ねはあっても、それが自他を幸福にする道であると知るならば、その方がよいことであるべき筈であります。それが分からずに引込《ひきこ》むのは、無智《むち》であるからでありまして、求道心《きゅうどうしん》の懈怠《けだい》であります。

これは時間の問題ですが、次は金の問題であります。遠い所へわざわざ行って、費用も要ることであると考えるのでしょう。それも愚《ぐ》なからであります。それがどれほどの尊いことであるかを考えずに何でも金さえ費《つか》わねばよいと思い、金を費《つか》えば不幸になると考えているのであります。それも生活が危うくなる程のことならば、控える必要もありましょうけれども、決してそうではありません。唯《ただ》、貧乏心に取っつかれているものですから惜しむのであり、意地汚《いじぎた》ないのであります。もっと思い切って言えば、聞法ということをただでしようと考えて、そんなことにお金を遣《つか》うのは勿体ないと思うているのではないかと思います。少なくとも、出来るだけ少なく、用《もち》いようと考えているのでありましょう。物は標準次第であります、用いずともいいという標準が心にあると、少し用ゆることも悪いことのように思うものであります。これはよくよく考えねばならぬことであります。最も大事なことで最も幸福になるべき、自分のためにもなり、他のためにもなることならば、思い切って使えばよいのではないかと思います。

一四、誤れる節約

一般に、人々は皆同様《どうよう》のようでありますが、特に仏教信者には、そういう傾向があります。聞法《もんぼう》ということになると成《な》るべく金を惜しむのであります。そして、料理を食うとなると、莫大な金を費やします、衣服には多大な金を惜しみません。芝居となると、美服を飾って、門前から俥《くるま》に乗ったり、自動車などを飛《と》ばしたり、幾《いく》ら金を遣っても平気であります、ちっとも勿体《もったい》なくはないのであります。それが聞法となると小金《こがね》を惜しみ、車に乗りたいのを電車に乗ったり、電車に乗るのを歩いたり、立派な衣服をやめて、悪いものを着て節約したりしようとします。歩きたければ歩くもよろしいが、乗りたければ、電車なりと、俥なりと、自動車なりと乗ればよいではありませんか。勿体ないということは、そんな時に考えることではありますまい。そしてそれがいくら要るのかといえば、何でもない金であります。ただケチな吝《しぶ》い心が起こってくるのであります。衣服にしても汚いのが着たければ、それでもよろしいけれども、着たければ美服を着てもよいではありませんか。何が勿体ないことがあるものですか。使わぬのが勿体ないのです。最も大事なことと、最も必要なことに費やせばよいのであります。平生の節約は何の為にしておるのであろうかと、深く反省しなければなりません。無理に使わなくてもよろしいが、金を遣わぬことのために聞法を大儀《ぎ》にしたり、聞法に遠ざかろうとするのは、転倒《てんどう》した考えです。これも愚痴《ぐち》と貪欲《とんよく》のためであります。要するに、そんな根性で、いくら聞いたって解るものですか。そんなことでは、何十年聞いたって、信心も決定《けつじょう》せねば、歓喜法悦の生活も生まれてくるわけがありません。それだから、結局、解らぬとか、喜べぬとか、いうところが落ちです。たまには喜んでいても、それは「助けて下さるんだそうな」ということを喜んでいるくらいのもので。「ただで助けて下さる」「全く他力で助けてくださるのだ」と喜んでいますが、それは、ただが有難いのであり、手数がかからぬという、そのことが有難いのであって、助かる事が有難いのではありません。光明《こうみょう》の中に護《まも》られておるという話が有難いのであって、実は護られているという喜びは有《も》っていないのであります。易《やす》いのが有難いのであって、助かることが有難いのではないのであります。これは篤《とく》と心に手を置いて、考え直してみる必要があります。

一五、易行と難信

だいたい、他力《たりき》だとか、易行《いぎょう》の法だとか聞かされてきたものですから、法なり仏なりを莫迦《ばか》にして、易《やす》いものだと目安をつけ、見くびって仕舞うているのです。母などが思っているような、そういう安《やす》いという易《やす》さではありません。それだから、極難信《ごくなんしん》とも難中之難《なんちゅうしなん》とも申されてあるのです。決して、初めから易いと思うてかかってはなりません。ただ一生懸命に、自分の助かる道、真の幸福を切に念願して、道を聴聞してゆかねばなりません。易いと初めから目安をつけてかかるから、少し聞いて解りにくいと、焦立《いらだ》ったり、嫌になったり、がっかりしたり、腹が立ったりするのであります。

易いと易いということは、それは獲《え》た人のいうことであります。蓮如上人《れんにょしょうにん》が、「かかる安きことを」と申されているのも、解った信の上から、長らく苦労して求道した過去をふりかえって、法の易行であったのに我が心の渋太《しぶと》いために、難信であったのだと、申して喜ばれているのであります。それであるから、古聖《こせい》が易行と申されたことも嘘ではありませんが、ただそれ丈《だけ》を聞いて、安いのなら買ってみようかと、残り物のふり売りを買うような根性で聞いておっては、それは到底《とて》も得らるることではありません。そんな処でウロウロ魔胡《まご》ついておらずに、しっかりと、我は真に幸福になったのか、助かったのか、きっと助かるのか、屹度《きっと》か本当かと、我心《わがこころ》に問い質《ただ》してみねばならんと思います。

他力の大信心をうることは、そんなに易いことではありませんと、はっきり私は申しておきます。解らぬ解らぬということを聞かされますが、解るわけがないと思います。解らぬと心配しているかと思うと、そんなことを一時間か二時間言うているだけのことであって、要するに分かっても分からなくても、どちらでもよいと見えて、そのあとは十日でも三十日でもその儘《まま》で、また同じことを繰り返して、やっぱり分からぬというているのです。何時まで経ってもやっぱり分からぬのが当然であって、それは何百遍《ぺん》繰り返したって同じことです。自分のことだから、ちっとは本気になって、道を求むる心を奮い起こして、聞法に力を入れねば解る時はありますまい。

子供が学校に行って習うて来ることでも、毎朝《まいちょう》早くから出かけて帰って来ても心にかけて復習したり、調べたりして、暑い日も寒い冬の日も、風の日も雨の日も、通学するのであります。それほどの苦労もせず、精励努力《せいれいどりょく》もせずに、解ったり助かったりすると思うているのでしょうか。他力の御救《おすくい》ということが、本当にそんな易いことだと思っているのでしょうか。そんなことで何時かは助かると思って落ちついているのですか。それほど茫《ぼ》んやりしているということは、誠に悲しむべきことであります。

何時までも、腐ったような心でいないで、折角、お念仏を申す御縁までいただいているのです。聞こうとすれば聞けるところまで出ているのですから、心を新たにして、貪瞋濁乱《とんじんじょくらん》の生の中からも、一条の求道心を起こして、日に新たにして日に日に新たなる心をもって、求道聞法をせねばならぬと思います。

一六、どえらい難しいんだぞ

一般に考えられているような易《やす》いことではないと、私は申しました。それについて、かつて私の聞いた忘れられぬ話があります。

私が、東京巣鴨《すがも》の真宗大学におった時分、浅草別院の輪番《りんばん》であった大草慧實《おおくさえじつ》氏のところへ、よく遊びにいって、いろいろ厄介をかけたことでありました。ある日のこと、たまたま、信仰談に耽《ふ》けったことがあった時、大草氏は何時になく語《ことば》を更《あらた》めて、実は僕が真に道を求め、道を聞こうと心懸《こころが》けるようになったのには、此んなことがあったんだよというて、次のような話をせられたことがありました。今は故人となられて、此の話を聞かして呉れられた御礼のいいようもありませんから、故人を偲びつつ、私はここに此の話を書き残したいと思います。

「ある時、各宗管長会議があって、僕が此の会の世話をしておったのだから、出席していると、東本願寺からは、管長代理として、或る御講師が京都から出席せられた。会議も了《おわ》って、雑談の際に此の講師が隣の禅宗の坊さんと、しばし話を交えたすえに、『あなたの方は自力《じりき》ですから、なかなか御難儀《ごなんぎ》ですが、私の方《ほう》は他力易行《たりきいぎょう》の法《ほう》ですから、信ずるばかりで、助けていただくのです』というようなことをいわれたのが聞こえたので、ふとそちらを向くと、それを聞いた今の禅僧が、膝をにじり、講師の顔をさしのぞいて、『ウン？――あんたは易いというが、あの蓮如のいうている、一念帰命《いちねんきみょう》というやつは、あれはなかなか、本当は、どえらい難し――んだぞッ』と力を込めて言い切り、ウンとねらみつけたのである。そうすると得々然《とくとくぜん》として話しておった御講師の顔が、みるみる内に変って、黙って俯《う》っ伏して仕舞われたのである。僕はあんな面目ないことはなかった。御講師の名は言わぬ、名を聞いたって仕方がない、実際の話だから、君が忘れなければよいのだ。あの時は僕は脇の下から汗が流れた。その場合、僕は何とも口の入れようがないから、黙っているより仕方がなかった。そういう禅宗の坊さんに、果《はた》して一念帰命の真意が分かっているかどうか、それは分からぬが、向うは何ともあれ、一山《いちざん》の講師たるものが、此の一言にヘコタレて青ざめたというのは、此方《こちら》に本当のものがなかったことだけは確かだ。

此のことがあって以来、僕は、此れはうかうかしていられぬと思うた。学問があるとか、講師だとか、何だとかいったって、当てにならぬぞと気がついて、それ以来、学生でも教授でも、誰でもいい、本気で話してくれる人に、心から聞法《もんぼう》しようと決心するようになったんだ。僕だって素人《しろうと》じゃなし、心懸けてもいるから、一通りのことなら心得て、安心もし、信心も得ていると思っていたんだが、君等《きみら》も大学で学問ばかりして、威張ったたって駄目だぞ、本当に一念帰命《いちねんきみょう》の信心が得られなくては、駄目だよ、気をつけにゃいかぬぞ」

と、磊落豪語《らいらくごうご》する氏が、何時になく、真顔になって注意してくれられたことは、今に忘るることができぬのであります。

一七、お前さんは、それでよいそれでよい

堀照俊兄《ほりしょうしゅんけい》は、中学時代からの学友であり、道友《どうゆう》であります。時々訪問してくれられて、少しでも道の話を聞かしてくれられるのであります。あるとき話の末に、何か君の有難いと思うたことを、話せといわれますから、思いいだすままに前条《ぜんじょう》の話をしますと、僕にもそれとよく似た忘れられぬ話があるといって、彼の有名な、鎌倉の洪《こう》川和尚《せんおしょう》と自分の祖父との問答を、話して聞かせてくれられました。

洪川和尚《こうせんおしょう》が、照俊兄《しょうしゅんけい》の寺付近の出であることも始めて知ったのであります。洪川《こうせん》は鎌倉を退《しりぞ》いて、老後を郷里に起臥《きが》して、余生《よせい》を送られたのだそうですが、親しい間柄《あいだがら》なので、真宗の寺院である堀君の寺へ、田舎の爺さんみたような風《ふう》をして、時々遊びに来られたものだそうです。それは照俊君の父の子供の時分のことである。父は洪川老師《こうせんろうし》が遊びに来て、祖父と雑談していられた横におられたのであったが、祖父が何かの末に、洪川老師に、

「あなたの方では自力修業《じりきしゅぎょう》をして悟《さとり》を開くのだから、なかなかのことだろうが、わしの方は、結構《けっこう》なことじゃ、わし等のようなものでも、他力本願《たりきほんがん》によって、助けていただけるのじゃ、他力で仏の証《さとり》を開かせていただくのじゃ」

と話されたのである。祖父《じい》は何の意があってそんなことをいうたのか分からぬが、恐らくは法悦の余りに洪川師《こうせんし》に話したものであろう。そうすると、それをじっと聞いていた洪川師《こうせんし》は、

「ウンウン、お前さんは、それでよいそれでよい」

と、さも平気に、子供にでも言っているような風に、応えていらるるのであった。ついに、

「他力本願を信ぜぬものは地獄に落ちるのじゃ」

と祖父《じい》がいうと、洪川和尚はきわめて素直に、

「ウンそうじゃ、わしはその地獄に落ちたら、そこでもう一修業するつもりじゃ」

と平気で、真面目に答えられたのである。火鉢《ひばち》の横で此の話を聞いていた父は、それが極めて平気であって、別に衒《てら》い気《ぎ》でいうておらるるようにもなく、本当のことをい

うていらるるようであった。その二人の問答を聞いていると、祖父《じい》の方が子供のように見えて、てんで角力《すもう》にならぬのであった。そして、そういうていらるる洪川師には、地獄がなかった。それで子供心にも、これははるかに洪川師の方が豪《えら》いわいと思ったというのである。

この話を堀君が、父から聞かされたことによって、真宗の信心ということは、昔から聞いているような、易いことであろう筈がない、これは確《しっか》り求道して、聞法せねばならぬと、僕はそれから親鸞聖人の跡をたずねて、求道に心懸けているのであると、聞かしてくれられたことであります。

前の話と此の話とは、好一対《こういっつい》の尊《たっと》い話であります。堀君の祖父上《じいうえ》にしろ、また某講師にしろ、故人のことを、而《し》かも人の美談でないことを、ここに挙《あ》げるのは礼を失したことであるから、今日まで控《ひか》えておったのであります。また真宗の流れを汲みながら、真宗の鼻が低くなるような話はしたくはないのですけれども、どちらも実話であって、求道上《きゅうどうじょう》の用心としても、聞法上《もんぼうじょう》の用意として、此の尊《たっと》い話を蔵《かく》しておくよりも、寧《むし》ろ失敬《しっけい》して、同心の友に頒《わか》つ方がいいと思いましたから、敢《あ》えて書いたのであります。

お互いに、何時までも、易いからとか、楽だから有難いなどと、軽々に心得《こころえ》たり、粗雑《そざつ》な聞法をしたりして、自分免許《じぶんめんきょ》で安価な安心に落ちついていたって、それでは何の所詮もありません。

一八、道は二つあるのではない

こんな話をすると、人々は直ぐに「そんなに難しいのですか」といわれる。「そんなに難しいのか」という言葉の中には、そんなうるさいことなら、止めようかという下心《したごころ》があったり、そんな難しいことなら困ると思うのであって、ただ易いとさえ言って貰えば喜んでいるのです。如何に安いと聞かされても、自分が真に助からず、安心できねば何の効《こう》もないではありませんか。真に求道《きゅうどう》した人に、昔から易いとか楽だったという話はありません。真に得た人は「国《くに》に一人か郡《こおり》に一人」というじゃありませんか、そんな難しいことでは困るといって、自分に便利なように、法を自分に同《どう》心《しん》さそうとして、法に同心しないのであります。

道俗時《どうぞくじ》衆《しゅうぐ》共同心《どうしん》、唯可《ゆいか》信斯《しんし》高僧説《こうそうせつ》

（道俗時《どうぞくじ》衆《しゅう》、共《とも》に同心《どうしん》に、ただこの高僧の説を信ずべし）（「正信偈」聖典二〇八頁）

とは、七高僧方の説かれた法に同心せよということであって、易いのでなければ嫌じゃと、自分の心に同心せしむることではありません。

難行道《なんぎょうどう》、易《い》行道《ぎょうどう》ということもありますが、道が二つあるのではありません。自分の道は一つしかない筈のものです。話を前に置いて聞いている人には、いつも二つの道があり、その内の一つを選んで行《ゆ》こうとするのですが、真実の求道者には自分の道としては一つしかないはずであります。それを知らしめたいのが、龍樹《りゅうじゅぼ》菩薩《さつ》の難易《なんい》二道《どう》の話の真意であります。我が道が一つであるとすれば、難かしいからとか易いからとかいうて、躊《ため》ろうていることはできないわけであります。

求道ということは、「此の我を如何《いかん》せん」という問題であります。自分を真実の幸福にしたいと念願して求めていくのです。若《も》し苦しみや悩みがあるならば、此の悩める我をどうしたら助けることができるかと、その道を求めてゆくのです。しばらくも、此の心を忘れては道は分からなくなります。しかと此の心を持って、道を求め法を聞いてゆくべきであります。

一九、思について

どうすればいいかといえば、求道《きゅうどう》するのであり、道を求めて、さてどうするのかといえば、聞法《もんぼう》するのであります。それについて私は先に聞《もん》、思《し》、修《しゅ》ということを申しまして、第一に聞くのであるといいましたが、第二には思《し》であります。思《し》というのは、聞いたことを我心《わがこころ》にあてはめて、静かに考えるのであります。思惟《しゆい》し思考するのであります。

聞法といいますけれども、法を聞くという中には、我を聞くということも、含まれているのであります。私共は自分を賢いものと心得ていまして、自分というものは分かっているように思うていますが、此の最も手近《てじか》な自分が、なかなか分かりかねるのであります。それでも考えさえすれば自分は分かると思っておりますが、それがなかなかなかそういかないのであります。聞かされて、そして考える時、やっと分かってくるのであります、独りで頭をかかえて考えていても、何程も分かるものではありません。道を求めねばならぬと聞かされても、別に急いで聞く必要はない思っておるものです。苦しんでいるではないか、悩んでいるではないかと聞かされて、自分に静かに考えるとき、やっと、そうだなあと分かるのであります。それが何ゆえ苦しいのやら、自分のことでありながら分からぬものであります。大抵の人は何となく苦しいというてあります。それがだんだん聞いていると、何ゆえ苦しんでいるのかということが分かってくるのです。粗大《あらめ》な事柄については、聞かずとも自分で分かりもしましょうけれども、少し繊細《こまか》なことになると、もう分からないものです。自分が分からぬのですから、無論、どうすればいいのか分かる筈がありません。聞かされてさえ分からぬのですから、聞かないでは尚更、分からないのです。それゆえ第一に聞くことが何よりも大事なことであります。

二〇、不完全なる信

親鸞聖人は『教行信証《きょうぎょうしんしょう》』の「信の巻《しんのまき》」に、『涅槃経《ねはんぎょう》』を引いて、

信にまた二種あり。一つには聞《もん》より生《しょう》ず、二つには思《し》より生ず。この人の信心、聞《もん》よりして生じて思《し》より生ぜざる、このゆえに名づけて「信不具足《しんふぐそく》」とす。

（「信巻」聖典二三〇頁）

とあります。聞くばかりであって、思考の伴わない信は、真実の信ではなく、完全な信ではないと申されておるのであります。

思《し》ということは、考えることであります。考えるということは、我を見出《みいだ》すことでありますす、自己を発見することであります、自己の存在を自覚することであります、自己を意識することであります、思のないのは、自己の魂のないことであります。聖人が『涅槃経《ねはんぎょう》』から、わざわざ此の文句《もんく》を摘出せられたのは、聞《もん》ということを言いたいのでなく、ただ一つ、思《し》ということを言いたいからであります。「この人の信心、

聞よりして生じて思より生ぜざる、このゆえに名づけて『信不具足《しんふぐそく》』とす」とは、大事なことであります。

ちょっというてみますと、人生は苦であると聞くと、なるほどと信じます。人生は楽しいと聞くと、成るほどと信ずる。汝は苦しんでいるといわれると、そうじゃと思い、汝は悩んでおらぬといわれると、それもそうじゃと思う。汝は悪人であると聞くと、そうじゃと思い、またそうでもないと思うている。汝《なんじ》の心は貪欲《とんよく》である、瞋恚《しんい》である、愚痴《ぐち》であると聞くと、その通りと思うが、またそうでもないと思うている。暖《の》簾《れん》が風に吹かれているようなものであります。何といわれても、それがそうであるか、そうでないかを考えてみようとしません。すなわち自己意識がないのであります、自己の存在が明確でないのであります。考えないということは、魂がないのであります。魂を、十年か二十年か前に、落として歩いているのであります。魂のない影のようなものが、とぼとぼと何十年か歩いて来たのであります。だから何時まででも迷い歩いているのであります。幸福の道であるようにもあり、幸福の道でないようにもある、というような姿であります。魂の自覚なくしては、如何なる法が前に横たわっておっても、助かることはありません。助かるようにも思えたり助からぬようにも思えたりしているのは、皆この思惟がないからであります。

二一、魂の不在

聞くということは大事でありますけれども、聞法《もんぼう》ということによって、自己の意識が明らかになって、そこから生じた信でなければ、本当の信ではないと申されるのであります。私等は、聞法によって、我が魂を呼び醒《さ》まさねばなりません。

人生は苦しいものじゃと聞くならば、それは私の苦しんでいるということを、知らねばなりません。罪悪深重《ざいあくじんじゅう》の凡夫と聞いても、そんなものがそこらにおるのではありません、それが我であることを自覚《じかく》せねばなりません。他力本願によって助けらるると聞いても、本当に此の私が助かるのか、どうかをよくよく考えねばなりません。十方衆生《じっぽうしゅじょう》を漏《も》らさぬと聞くから、私も助かるであろうというようなことでは、如何に信じたつもりでも、それは信じたのではなく、助かったのでもありません。

法のことを聞いても機《き》のことを聞いても、そういわれるが、それは本当に私のことであろうか、本当のことであるかどうかと、考えるべきであります。考えるということは、惑《まど》うことであるといってもよろしい。ちっとは惑いでもすればいいのです。疑いです、疑いでもすればいいのです。疑いや惑いはいつかは信になります。信ぜられぬとか疑いがとれぬとかいいますが、多くは、それが疑いでもなく惑いでもなく、ただ安心《あんしん》ができぬだけのことであります。疑うとか惑うとかいうことは、実は自覚あっての上のことであります。多くはそれさえないのであります。

思ということは考えることであって、右であろうか左であろうか、真《しん》か偽《ぎ》かと考えることであります。柱時計の振子《ふりこ》のように動くのであります。思考《しこう》するということは、動くことでありますから、無論それは信ではありません。思は信ではありませんけれども、此の思から生じた信なくしては完全な信ではないのであります。

法についても機についても、聞いてそのまま信じているだけでは、自己《じこ》がありません、自己存在《じこそんざい》の意識のないものが、助かる訳《わけ》はもうありません。魂の不在では、助けようもなく助かりようもないというものです。

二二、修について

第三は、修《しゅ》であります。親鸞聖人は、修《しゅ》という字を解釈して、

修《しゅ》は、こころのさだまらぬをつくろいなおし、おこなうなり。

（『一念多念文意』聖典五四一頁）

と申されています。

聞いて、愈々《いよいよ》そうだろうかどうだろうと、考えた揚句《あげく》、心の定《さだ》らぬのが、いよいよそうだと決着《けっちゃく》することであります。学《がく》を修《おさ》めるということも、そういう意味でありま す、道理《どうり》が考えによって明らかになって、自分のものとなるのであります。修学旅行などいうものも同じ意味であります、聞いているだけでは実際は分かりません、それゆえ出かけてゆくのです。聞いて考え思念しているだけでは分かりませんから、実際をみますとき、初めて習うていたことと、思うていたこととが一致するので、そこでいよいよそうだったと、定まらぬ心が定まるのであります。

親鸞聖人は、

「専念《せんねん》」は、一向専修《いっこうせんじゅ》なり。一向は、余《よ》の善にうつらず、余《よ》の仏《ぶつ》を念《ねん》ぜず。専修《せんじゅ》は、本願のみなを、ふたごころなく、もっぱら修《しゅ》するなり。

（『一念多念文意』聖典五四〇～五四一頁）

と申されております。修するということは、心の上のことをいうのであります。それゆえ此の本願こそは助けて下さるに間違いないと信じたことであり、その心から念仏が称《とな》えられるのであります。

道を求めるについて、聞《もん》と思《し》と修《しゅ》という三つについて大略話しましたが、求道《きゅうどう》は聞から発足して、修に到達すべきであります。そして其中《そのうち》において常に思ということを欠《か》いてはならないのであります。他力の救済であるから、信ずるのであって、思念し考えるのではないと、思ったり、言うたりしている人がありますが、もとより思は決して信ではありませんが、思を通って生じた信でなくてはならぬというのでありま す。私は疎《おろそ》かにしてはならぬ尊いご指導であると思います。

それゆえ聖人は、

誠《まこと》なるかなや、摂取不捨《せっしゅふしゃ》の真言《しんごん》、超世希有《ちょうせけう》の正法《しょうぼう》、聞思《もんし》して遅慮《ちりょ》することなかれ。

（「総序」聖典一五〇頁）

と申されているのであります。

二三、求道には五体をつかえ

道を求むる心が発《おこ》ったならば、聞法をするのであると申しまして、それについて、聞《もん》、思《し》、修《しゅ》ということを話しましたが、その聞と思との二つは離してはならないのであります。無論、聞が一番大事なことであって、思はその聞の中において大切なのであります。もとより聞を外《ほか》にして思のみを尊ぶというのではありません、聞法しつつそれを思惟《しゆい》してゆくのであります。

真宗は聞の宗教であって、禅宗は思の宗教であるかのようにいう人がありますが、それはそういう傾《かたむき》があるというにすぎぬのであって、必ずしもそうではありません。

曹洞宗《そうとうしゅう》の開山《かいざん》である承陽大師《しょうようだいし》が、常に弟子たちに教訓された言葉に、

「お前達は、道が得られぬ得られぬというが、坐禅《ざぜん》ばかりしていたって得らるるものではない。何事をも顧《かえり》みず打坐《だざ》せよというのは、それは本《ほん》の腹《はら》をつくることが大事であるということであって、その腹をつくるためには、此の五体をつかうのじゃ。腹をつくることが大切じゃというて坐禅ばかりしていたって、それだけでは腹ができるものではないぞ。五体をそれ相応につかうてゆくと、自然《じぜん》に腹ができてくるのである。

まず第一に、此の眼には木像画像《もくぞうえぞう》の仏《ぶつ》を仰ぎて、経典《きょうてん》も読むのである。此の口では唱えるのである。此耳には聞法するのである。此手では仏を拝《おが》むのである。そして此の脚《あし》では行脚《あんぎゃ》して、道をたずねて聞法修行をするのである。そうして心がけてゆくと、自然に腹ができて、一心《しん》の華《はな》がひらけるのである。腹ばかりこしらえようと考えて坐禅ばかりしていたって、そんな不精なことでは、道は得られるものではない。此の五体というものは、そのために与えられているのであるから、懈怠《けだい》をせずに、精々使うてゆかねばならぬのである。しかし、人間はそればかりしているわけにはゆかぬ。食うてゆかねばならぬ、食うてゆかねば命がつづかぬから、此の五体を生活のためにもつかうのである。けれども、本当は心の救わるるために用ゆるのが本当の用い方というものである。こういうことをいうと、禅宗にも似合わず、変なことをいうかと思うかも知れん、また他の宗旨《しゅうし》のことのようにも思うかも知れんが、決してそうではないのだから、深く心に銘《めい》して置かねばならぬぞ」

という意味のことが、ある書物に出ていました。私は成るほど、さすがは一宗の開山であると、ひどく感心したことであります。

如何に心が大事だといって、坐禅ばかりしていたって、心がひらけてゆく筈はないのであります。いくら禅宗が思惟《しゆい》を主とするといっても、そればかりでは出来上がらぬのであります。

私は此の話を聞いて、如何に承陽大師《しょうようたいし》が弟子たちを愛せられること我が子の如く、誤解をせぬように注意しながら、諄々《じゅんじゅん》として誡《いまし》めていらるる慈心《じしん》にうたれて、涙のにじむ思いをして、これはまた私共の忘れてはならぬ尊い教訓であると思うたのであります。

二四、懈怠であってはならぬ

聞法しながら、解らぬ解らぬというている人があり、難しいというている人がありま す。そして一体どうしたら解りますかと聞かるる時、いつも私は此の話を思い出してするのであります。

苦しいから道を求むるのであります、悩ましいから安楽《あんらく》の法を求むるのであります。しからば、自分の今までとってきた道、考えてきた道は、助からぬ道であったのでありま す、安楽幸福になれなかった道であります。そして他に道を求め、道を聞かんとしているのであれば、その救いを求め安楽を願う心から、まず仏を礼拝《らいはい》せねばならぬのであります。また書物も読むべきであります。その人の境遇にも依りますから、沢山読むとか、むつかしい書物を読むというのでなくとも、自分相応に読むべきであります。少なくとも読もうと心懸くべきであります。意味が明瞭にならねば拝まぬという人がありますけれども、それは我慢心《がまんしん》であり、傲慢《ごうまん》であります。そんな心懸けで道が分かるものではありません。読まなくても信心さえ得ればいいのであるとか、聞きさえすればいいのだというて、読もうとしませんが、それは自分に便宜《べんぎ》なようにのみ取って考えているのであります。そんな心懸けだから、聞いても本当には聞こえないのです。信心さえ得ればよいのに定まっておりますけれども、それでは得らるる時がないのであります。承陽《しょうよう》大師が、心さえ出来ればいいが、その心が出来ぬと申さるるのと同様であります。口には仏名をとなえ、手には仏を拝み、耳には法を聞くべきであります。そして此の脚を聞法に運ぶべきであります。そのどれもせずして、不精をかまえて解らぬ解らぬというているのは、ずるい根性であります。他力他力と聞いたり、易《やす》い楽な法だなどと聞いているものですから、ずるい根性の上に、腐ったようにずるけて仕舞うているのであります。これを懈怠の衆生というのであります。経に、

憍慢《きょうまん》と弊《へい》と懈怠《けだい》とは、もってこの法《ほう》を信じ難し。

（『無量寿経』聖典五〇頁）

と申されてあり、親鸞聖人が、

邪見憍慢《じゃけんきょうまん》の悪衆生《あくしゅじょう》、信楽受持《しんぎょうじゅじ》すること、はなはだもって難《かた》し。

（「正信偈」聖典二〇五頁）

と申されているのは此のことであります。法が、難しいのではなく、また信ずることが難しいのでもなく、私共の心が懈怠《けだい》なために、信が得られないのであります。憍慢と弊とは信の妨げをなすものでありますが、私は今、しきりと懈怠ということについて思います。

二五、なんぼ聞いても解らぬ

なんぼ聞いても解りませんと、よく人はいいますけれども、なんぼ聞いてもという、そのなんぼというのは、どれだけのことをいうのでしょうか。一月《ひとつき》に一日《いちにち》聞いて、一年聞いたって、十二日ではありませんか。二年聞いたって二十四日です。三年聞いたって三十六日です。そしてその一日といっても二、三時間であって、ことによると、朝早くから自分の生活のために使い古した心身をもって、残った滓《かす》の夜の一時間や二時間費して聞いたのが、いくら積ったって何程《なにほど》になると思っているのでしょうか。ここへくると、私はいつも腹だたしくなって、しまいには悲しくなるのであります。人は道のことになると計算ができないのであります、恐らくは、そんな反省をしたり計算をせないほど、それほど軽々しく考えているのであります。たとえ五年聞いた十年聞いたといっても、何を聞いていたのか、どんな心でもって聞いていたのかは問題であります。聞法について不用意に聞いていては、だめです、十年聞いても、それが本当に道を求めて聞法したのでなくてはだめです。散歩かたがた暇つぶしのような心で聞いたのでは、何年聞いていたって同じことであります。

真に自分を可愛がり、真に自分の幸福を願って聞法しないのならば、何という不用意千万なことかと思います。多くの人がやっているような聞法によって、それで予期しているような幸福が得られるものとしたら、世の中に求道聞法《きゅうどうもんぼう》ほど楽なものはありません。花を習ったって、茶を習ったって、字を習ったって、絵を習ったって、編物の講習でも、洋服裁縫の講習でも、何一つとして聞法の上越す易い事はありますまい。数学を習っても、語学を習っても、学校を卒業するのには、一年といえば休日を除いて毎日、その事ばかりに没頭して心身を使うのであります。それらのことを何年やってみても苦も悩もなくならず、幸福が得られぬとしたら、少しは本気になって五体も使い、時間もつかい、心もつかって、慎重なる態度で聞法をせねばならぬのではありますまいか。

そんなに難しいのですかという人がありますが、どれほど易《やす》いことと考えているのですかと聞いてみたくなります。そんな心でやっていて何か一つでも出来る事が他にありますかと、聞きかえしてみたいのであります。そんなことでは、難しいのでも易いのでもなく、道を求めることに懈《け》怠《だい》なのであります。

なんぼ考えてもわかりませんという人がありますが、それも同様であります。一日の内になんぼ考えたのでしょうか、一か月のうちにいかほど考えたのでしょうか。聞いた時や逢《あ》うた時ばかりであって、あとの二十何時間は外《ほか》のことばかり考えているではありませんか。一か月の間に何日考えたのでしょうか。手をつけずに元のままで押《お》し入《い》れに投《ほ》り込《こ》んで置いて、思い出した時に、ちょっと出してみるだけなのではないかと思います。多少はとり出して考えたとしても、少しひねくって、すぐ突き込んで置くのではありませんか。それでは考えたのではなく、引き出してみるばかりであります。考えたつもりになっても焦々《いらいら》したり、腹だったりしているのではなかろうかと思います。それは矢張り懈怠なのであります。

法を聞いて、聞いた法を自分の心に当てはめて考うべきであります。考えるところに、一歩一歩道が明らかになり、道はすすむのであります。思惟するところに、白は白、黒は黒、間違いは間違い、本当は本当と明らかになってくるのであります。同じところにいつまでも同じような心もちでいるのは皆懈怠《けだい》であります。懈怠にはいつまでたっても進歩はありません、懈怠の反対は精進《しょうじん》であります。少しでもよろしいが、明らかになって進むことにつとめねばなりません。

二六、贅沢と気儘

ある時、金子《かねこ》兄《けい》が成同《じょうどう》講演に来られたとき、「都会の人は贅沢《ぜいたく》で困る。なるべく忠実に話そうと思い、解るようにはどういおうかと、途中でちょっと考えると、聴衆はすぐ倦怠《けんたい》して仕舞う。北国《ほっこく》ではそうでない、皆が、聴こう聴こうとしているから、ちょっと言葉が切れても、次には何かよいことをいうてくれると思うて、一層緊張して待っていてくれるから、話しよいがなあ、まだしも、成同会《じょうどうかい》の聴衆は整うていてよい方であるが、都会の人は総体気ままである」といわれたことがありました。

私は、自分の経験からも推測して、ほんとにそうだと話合うたことであります。北国のことは余り私は知らぬのですが、私の接近する都会の人や、都会近くの人々の聞法は実にそうであります。

贅沢な心と、気儘《きまま》とであります。それは求道心が不真面目なからであります。何でも金でもって人が都合よくしてくれる都会人には、聞法についてもその心がでるのであります。芝居を観てもそうです。寄席へ行ってもそうです。その他何でも彼でも、人から都合よくしてくれる事ばかりを要求しているのであります。これは子供の時分からそう習慣づけられているのであります。芝居へゆけば身体さえもってゆけばいいのでして、舞台の人々の力によって、泣かしたり、笑わしたり、面白がらしたりするものと、心得ているのであって、それがそうならない場合は、責《せめ》は舞台の人にあると思うているのであります。音楽会でも同様であります。少しも対者《たいしゃ》をして十分に技能を発揮せしめようとせず、そしてそれを受取ろうと努めないのであります。

宗教の話の時でも、分かるようにせよとか、眠気がさしてきても眠らぬようにせよとか、緊張して聞くようにせよとか、注文ばかりする心があって、自分は成るべく努力せずに置こうとする気儘と、贅沢心があるのであります。私は人から露骨にそう言われたことが、幾たびあったか知れません。自分たちが書いたり話したりする上からは、かく努力してゆくべきではありますが、全々そういう態度で聞法することは誤りであります。のみならず、そんな懈怠な心では、そんな分子が多量に含んでおっては、本当の話はできるものではありません。小言を言われたり、脅かされたり、尤《もっとも》だとおもったりして、それにつとめたこともありますが、もう今はやめました。そういう心の盃《さかづき》には水は入《はい》らないのみならず、終には好い加減な話をしておくか、嘘でも言っておくより外はないようになります。もし本気にやったら、此方《こちら》が倒れて仕舞うだけのことで、真剣に話したい要求をもっていて、一方では眠らぬように努力せねばならなかったり喜ばさねばならず、笑わさねばならず、しょっちゅう、ご機嫌《きげん》をとりつつ話をしてゆかねばならぬのです。道の話を真摯《まじめ》にしたいと思っていて、そんなにいろいろの努力は、できるものではありません。そうはいっても、眠られることは話し手にとって苦しいことであり、解ってもらえぬことは自分の悩みでありますから、できるだけは解り易く話したく思うものですが、若し聞法する人々の方に、そんな懈怠な心もちがなくて、求道に精進していらるるならば、双方ともにどれだけの仕合《しあわ》せかと思います。

聖人が、『教行信証《きょうぎょうしんしょう》』の「信文類《しんもんるい》」の中に、『大集経《だいじっきょう》』をひいて、説教の方規《ほうき》として、

説法《せっぽう》の者《ひと》においては、医王の想《おもい》を作《な》せ、抜苦《ばっく》の想《おもい》を作《な》せ。所説の法をば、甘露《かんろ》の想を作せ、醍醐《だいご》の想を作せ。それ聴法《ちょうぼう》の者《ひと》をば、増長勝解《ぞうじょうしょうげ》の想《おもい》を作《な》せ、愈病《ゆびょう》の想を作せ。もしよくかくのごとき説者《せっしゃ》・聴者《ちょうしゃ》は、みな仏法を紹隆《しょうりゅう》するに堪《た》えたり、常に仏前《ぶつぜん》に生《しょう》ぜんと。

（「信巻」聖典二四六頁）

と申されているのを思いだすことであります。増長勝解というのは、聴こうとし解ろうとつとむることであり、「愈病の想」とは病気をなおろうと思うことであります。

二七、水よく石を穿つ

いたりてかたきは、石なり。至りてやわらかなるは、水なり。水、よく石をうがつ。「心源《しんげん》、もし徹《てっ》しなば、菩提《ぼだい》の覚道、何事か成《じょう》ぜざらん」といえる古き詞《ことば》あり。いかに不信なりとも、聴聞《ちょうもん》を心に入れて申さば、御慈悲にて候うあいだ、信をうべきなり。ただ、仏法は、聴聞にきわまることなり。

（『蓮如上人御一代記聞書』聖典八八九頁）

昔、明詮《みょうせん》という方がありまして、学問せられました時、仏学《ぶつがく》の難解なためにほとほと困って、両三年熱心に学習したけれども、一向上達しないから、学問をやめようと決心して、その由を師匠に申しあげ、「自分の如き性来魯鈍《しょうらいろどん》なるものは、到底、成功の見込みがありませんから、学問を断念いたしました」と、御暇《おいとま》を願うたのでありました。師匠も残念とは思いながら、致し方がないので、暇《いとま》をゆるされました。明詮も折角の願望を断念するのですから、残念にもあり、学友との交情をも悲しみましたが、ついに別れを告げて、学舎《がくしゃ》を後に笈《きゅう》を負うてこの寺を去りました。時しも雨が降りかかってきたので、山門の下に雨宿りをせんと、背《せな》の笈《おいづる》をおろして、しばし思いに耽《ふけ》っておりました。見るともなく、ふと足下を見ますと、高い山門の屋根から、雨滴《あまだれ》がぽとぽとと落ちていました。その滴《しずく》の落ちているところの石に穴がほれていたのに気づきました。これに眼のとまりました明詮は、自分の身に引きあてて、此の水から大説法の声を聞き、心に憤然として起ち上がったのであります。

水はいたってやわらかきものであります。石は堅いものであります。その堅い石に水が穴を掘るということは、不思議なことであります。毎日雨が降って、雨滴が落ちるというのでもないが、何年も根気よく当たるがために、ついには石の上に穴がほれたのであります。明詮が思うようには、自分は二年や三年学問して、解るとか解らぬとか、見込みをつけて断念したのは、此の水にも恥ずべきことである。たとい、水のような力のない自分であっても、此の水の如く根気よくつとめつとめてゆくならば、学問も出来上がらぬことはない。これは自分の懈怠であったと気づいたのであります。そこで山門の下に卸《おろ》した笈《きゅう》を再び負うて、師匠の下へ帰って、自分の腐甲斐《ふがい》なき心をわびて、それから大《おお》いに努め勉めて、後には音羽《おとわ》の明詮といわるる有名な学者となられたのであります。

二八、信は必ず得らるると思うべし

自分の力で出来ることと、出来ぬこととがあります。出来ぬことを出来ぬと知るのは、賢明なことでありますが、出来ることを出来ぬと思い込むのは、懈怠《けだい》のためであります。

どうも分からぬというのは、いたしかたがありません。解らぬのを分かったように思うているよりはよろしいけれども、到底自分には解らぬであろうと、果敢《はか》なみ疎《うと》んずるのはいけません。どうも信ぜられないというのは、いたし方ありませんが、自分のようなものは到底信ぜられぬであろうと、仮定することはよろしくありません。信ずる事が不可能でないのに、それを出来ぬこととしてしまうのは懈怠のためであります。

解るだろうかと案ぜらるるときは、きっと解ると信ずべきであります。信をうるであろうかと案じらるる時は、必ず信をうることと思うべきであります。

いかに不信なりとも、聴聞《ちょうもん》を心に入れて申さば、御慈悲にて候うあいだ、信をうべきなり。

（『蓮如上人御一代記聞書』聖典八八九頁）

とはその事を申されたのであります。解らねば聞くべきであります、信ぜられねば心にいれて聴聞《ちょうもん》すべきであります。精進すべきであります。求道を怠らず精進して聴聞するならば、きっと、信は得らるるに違いありません。

「御慈悲にて候うあいだ」と申されていますが、実にそうであります。信心をうることは、全く他力によると申されます、信は他力であります。多くの人はその信を自力で得ようとしているのであります。自力でやろうとするならば、恐らくは菩提《ぼだい》の道は得られないでありましょう。信を得るという事は、自力では至難のことであります。信は他力であります。自力では得難き信でありますけれども「御慈悲にて候うあいだ」であります。如来の大慈悲心は信ぜしめたいという本願であり、信ぜしめねばおかぬというのが如来の願心《がんしん》であります、信ぜしめて助けねばおかぬというのが如来の大願力《だいがんりき》であります。此の御力《おちから》によって、渋太《しぶと》い自力我慢のお互いが、ついには自力をすてて他力救済の願心を仰ぎ信ずるようになるのであります。まことに「御慈悲にて候うあいだ」であります。難しいとか信ぜられぬといっても、道を求めて、熱心に聴聞をかさねてゆくならば、如来の願力によって他力の信を得さしめたまうのでありま す。

二九、仏法は聴聞にきわまる

ただ、仏法は、聴聞《ちょうもん》にきわまることなり。（『蓮如上人御一代記聞書』聖典八八九頁）

求道して聞法に心ざした人々が中途で腰を折って、とても解らぬとか信ぜられぬとかいって、愚痴《ぐち》をいったり、あせったり、苦しんだりすることがありますが、その時は此の御言葉を想い起こすべきであります。求道者に対しては真に感佩《かんぱい》すべき御詞《おことば》だと存じます。

「ただ、仏法は、聴聞にきわまることなり」心を低くして、心に入れて聴聞するならば、如来の御慈悲だから、きっと信心を得させてくださるのです。聴聞ひとつを怠らぬように、聞いて聞いて聴くならば、きっと、助かると申されるのです。躊躇《ちゅうちょ》したり、落胆《らくたん》したり、果敢《はか》なんだり、自暴自棄《じぼうじき》したりせずに、いよいよ聴聞を怠らず、つとめてゆくならば、信心はきっと他力によって得さしていただけると申されておるのであります。

三〇、頭が悪いのである

しかし此の聴聞《ちょうもん》ということが、なかなかできにくいのであります。それは一つは憍慢《きょうまん》なからであります。法の高きことを知らず、自分の智の低きことを知らずして、自分を高く見ているからであります。知らず知らず自分を賢い利巧《りこう》ものじゃと思うているのであります。それゆえ、これほど聴聞したら、大抵解りそうなものじゃと思うているのであります、それでも解らぬところを見ると、余程の愚鈍《ぐどん》であるにもかかわらず、自分を賢いと思うているのであります。それゆえ、なぜ信ぜられぬのか、安心できぬのかと、焦立《いらだ》ったり腹が立ったりするのであります。それは解る筈の己れが解らぬのは、法が悪いのであろうとか、説く者が悪いのであると考えますから、腹が立ったり苦しくなったりするのであります。他力本願の信ぜられぬのは自分が愚なるがためであります。一言《げん》にしていうと、頭が悪いのであります。それほど賢いのならば、自分の相《すがた》が分かり、自力の駄目であることが分かり、本願の尊さが分かって、早速に他力が信ぜらるる筈であります。しかるに、それが了得《りょうとく》できぬのは、余程頭が悪いのであります。頭の悪い愚痴の衆生に、本願他力が信ぜらるるということは、全く他力でなくてはだめなことであります。他力本願が信ぜらるるようになったということは、如来の智慧《ちえ》をたまわりて、頭のよくなったことであります。信心は智慧《ちえ》であります。

三一、憍慢心

聞法しようとせぬ世間の人々は、無論、憍慢《きょうまん》なためであります。金をためたり、事業を拡張したり、名声が上ったり、学問ができたりすれば、自分の苦悩はなくなって、幸福になれるものと考えているのは、自分の考えを、間違いのない賢い道と信じているのです、それが憍慢であります。如何に奮闘努力しても、一向幸福になれぬ自分を薄々《うすうす》自覚しながら、聞法しようとせぬのは憍慢心のためであります。

三二、早合点する人

少し聴聞しますと、ああ分かったと早合点して、他力信心とはこういうものだと、分かったつもりになって、もう聴聞しようとせぬ人がありますが、それも憍慢《きょうまん》のためであります。世間の奴等は同じようなことを、何時まで聞いているのかと、高い丘の上から笑っているような人があります。かかる人々はもう聴聞《ちょうもん》しようといたしません。憍慢になると自分の相《すがた》が見えなくなります、己は信心を得たと考えている自分の実際生活が、ちっとも助かっておらず、喜べておらず、現在においても、未来に向かっても、何の安心もないのに、それにさえ気づかずして、解ったつもりになっているのであります。しかし静かに考え直してみるならば、何だか、胸の内に治まらぬものがあったり、安心できぬ心があったり、法悦《ほうえつ》に渇《かっ》した心地がするのであります。しかしながら、憍慢の峰《みね》に上ったものはなかなか下りようとしません、聴聞を心にいれていたそうとしません。それは如来の願心《がんしん》を、自分の胸ほどの小さいものとして仕舞うているからであります。如来の本願海中に棲んでいるのではなくして、如来の本願を小さい自分の胸の中にいれているのであります。それを自力の心と申すのであります。他力の願船《がんせん》に乗じて光明の広海《こうかい》に浮ぶということは、この自力の心がなくならねば、他力広大の願海へは出られないのであります。そのためには、よくよく聴聞をせねばならぬのであります。

三三、心得たと思うは心得ぬなり

心得《こころえ》たと思うは、心得ぬなり。心得ぬと思うは、こころえたるなり。弥陀《みだ》の御たすけあるべきことのとうとさよと思うが、心得たるなり。少しも、心得たると思

うことは、あるまじきことなり、

（『蓮如上人御一代記聞書』聖典八九四頁）

と、蓮如《れんにょ》上人の申されているのも此のことであります。私こそは信心を得たと思い、解ったと思うのは、真に心得たのではありません。それは自力心であって、他力信心ではないというのであります。すぐ憍慢《きょうまん》が頭を擡《もた》げてくるのであります。憍慢の雲霓《うんげい》があらわれると、他力の仏日《ぶつじつ》は影《かげ》をかくします。随《したが》って自分は淋しくなり、闇《くら》くなり、不安となるのであります。それは自力心のすてやらぬためであって、真実に信心がえられておらぬからであります。ここらまでは、少し聴聞すると行《ゆ》けることがありますが、そこに停滞していてはならぬのであって、今一段聴聞をせねばならぬのであります。弥陀の御たすけあるべきことのありがたさが、確《し》かと喜ばれて、一天晴れて他力の願行《がんぎょう》を仰ぎえたのが、真に心得たというものであると申さるるのであります。

三四、聴聞の手をゆるめてはならぬ

よい加減のところで腰を折ったり、腰をおろしたりしないで、真に信ぜられるまで、飽くまでも聴聞《ちょうもん》を怠らぬということが、何よりも大事なことであります。しかるに少し分かると憍慢のために、知らず知らず聴聞の手をゆるめようとします。そして解らぬとか、信ぜられぬとか、安心できぬとかいって、何時までも同じことをいうて、同じところに坐っているものであります。

他力本願が解るだろうか、解らぬだろうかとためらうならば、解ると思い信じうると確信すべきであります、そして聴聞をつとめてゆくべきであります。聴聞をつづけてゆき、そして心を入れて聴聞するならば、信ぜしめたいという大慈悲の本願なるがゆえに、仏力《ぶつりき》によってきっと信心は得らるるに違いないのであります。憍慢であったり、懈怠であったりして、聴聞をゆるがせにしていては、世間的には如何に賢い人であっても、道は得らるるものではありません。信ぜられぬというて泣いているよりは、信ぜられねば、ただ聴聞ひとつに精進して、我が憍慢心を省みて、心を低くして聞法《もんぼう》すべきであります。解らぬとか信ぜられぬとかいうていて、その儘では此の自分をどうするつもりかと考えてみねばなりません。こうしても助からぬ、ああしても助からぬと、苦悩しておる自分には、ただ他力本願が信ぜらるることより外に、助かる道はないのであります。解るまで聴聞し、信ぜらるるまで聴聞して、どうでも助かる身とならねば、実に生き甲斐《がい》のないことであります。

三五、一句だけでも好い

聴聞ということについて、ある時、母と話したことがあります。あの方のお話は難しいから、自分には了解ができにくいから、足がすすまぬといって、遠ざかろうとすることがあります。それは悉《ことごと》くお話を解ろうとするからでありますが、聴聞は、一句《く》だけでも、自分に適切なことを、心から聞いてくるならば、それは大変結構なことなのであります。話さるることを皆解ろうとするのは、ちと欲が深すぎます。浅薄《せんぱく》な解りよい話を多く聞くよりも、自分に適切な一句一語を聞いても、それは大《たい》した徳《とく》をしたのであります。部の厚い書物を読みましても、真に自分のためになって感銘するのは、一句か一語であります。向こうのせらるる話を悉く解ろうとする要はありません。そう一ぺんに深奥なところまで解らずとも、今自分の求め歩んでいる場合に対して、重要な一語を聞きうるならば、それは非常に喜ばねばならぬことであります。欲深く性急《せいきゅう》に、掻《か》きたくるようにしたって、大事なことがそう早速に得らるるものではありません。自分に大切なことが、一つ解り二つ明らかになりして、それがつもりつもりして、いつかは、全く他力信楽《しんぎょう》に味到《みとう》するのであります。

三六、それくらいの準備はなくてはならぬ

母のことをまたいいますが、母の聴聞は、講演の会場から始まっていたのであります。それで私は、家を出る時から聞法は始まらねばならぬといったことであります。聴聞に出ようとすると、あれもこれも片づけて置こうとして、台所の用事を急いで、あせりますから、聴聞の席へゆく時分には、既に疲れて仕舞うていますから、頭がぼっとしたり、眠気が催して来たりするらしいのです。だから一層お話が解りかねるのであります。かつて七里《しちり》恒順《ごうじゅん》師は、ばたばたと急いで参詣《さんけい》するものがあると、高座の上からその人を呼びとめて、それではとても聞いても解らぬから帰れといわれて、

その人が帰らぬ間は、お話をせられなかったということであります。時間に遅れて急いで来ては、眠くなって到底聞こえるものではないと申されたそうであります。また人が眠ると、家で余り働きすぎてくるから眠るのだから、聴聞をしようと思えば、二、三十分間横になって、寝て来いと教えられたそうです。それくらいの用意がなくては、只さえ聞き難《にく》い法が尚更聞こえにくいのであります。話をする方でさえ、話にゆく時には相応の準備をして、眠りが足らねば一時間くらいは眠ってゆくほどにするものであります、また用事をやめて極めて心を静かに努《つと》めているものですから、聴聞する方だって、それくらいの用意がなくは、何程《なにほど》聴いても労《ろう》するばかりで効《こう》がないのでありまます。

三七、何処から聴聞が始まっているか

聞法《もんぼう》の用意をしている様ですけれども、聴聞《ちょうもん》に出る前にそうばたばた働いては、それは用意ではなくて聞法の不用意であります、本当に用意するのならば、前日にで

も働いて置いて、その前には余り働かんでもよいようにしておくべきであります。用意するならば、聴聞はその時から始まっているのであります。それ程に用意するならば家の中にあっても、何かよい事を考えられて、自然に得るところのあるものであります。それが、聴聞といえば仏像の前に坐って、講師が声《こえ》を出して話しかける時から始まると思っているのであります。それゆえ、電車に乗っても歩いておっても、平生《へいぜい》の心のままに、つまらぬことが見えたり、つまらぬことを考えたり、つまらぬことを聞いたりして、うかうかとして、電車の中でも、いろいろ人のいろいろのことが目について、途中で心が疲れたり穢《けが》れて仕舞《しま》うのであります。そして多くの人と逢えば、愛嬌を振りまいてしゃべったりして、丁度講話の始まる時分までに心身がつかれて仕舞うているのであります。そしてそれまでには、ちっとも求道の精神はなく、聴聞の用意もなく、講師の姿が見えると、初めてこれから聴聞じゃと思うのであります。それほど不用意であるがために、莫大《ばくだい》の苦労をしながら、得るところは極めて少ないのであります。時には皆目《かいもく》得るところがないのであります。しかし用意さえよければ、どんな難しい話であっても、皆目得るところがないということはありません。反対に、きっと得るところがあるにきまっているのです。ただ、不用意なる心のために、その席に坐っても聴聞が始まっていず、電車の中でも聴聞が始まっていず、道を歩いても聴聞は始まっていず、無論、家を出る時にも聴聞の心が起こっておらないのでありまず。家にある時に聴聞が始まっておらねば、せめては家を出て途中からでも、聴聞が心の中に始まらねばならぬのであります。

こんな話をして聞かせましたら、その後母は喜んでいました。その心得を少し為《し》てゆくと、成るほど結構なことが得られて、道を歩いている間から、聴聞が聞こえてくる。道を歩んでいる人を見るにつけ、電車の中の出来事まで、なかなか結構なことが沢山、知らして貰《もら》えるといって喜んでいました。そして今日《こんにち》まで難しい難しいといっていたお話も、よほど解ることがあるといって喜んだことでありました。難しいとか分かりかねるとか、自分できめて仕舞うて、聴聞の尻込みをしようとしますけれども、可なり難しい話でも、幾らかずつ、自分相応に解る部分もあるに違いないのです。その上難《むつか》しい時ばかりではないのであって、前の時に難しかったとしても、今日はそう難しい話でないのかも知れないのであります。それに自分で即断して、聴聞を為《せ》まい

為まいとするのであります。ただ仏法は聴聞にきわまるのでありまして、
聴聞《ちょうもん》を心に入れて申さば、御慈悲にて候うあいだ、信をうべきなり。
（『蓮如上人御一代記聞書』聖典八八九頁）
信ぜられぬというて、歎いているかわりに、せっせと聴聞にすすむべきであります。

三八、法は何処にでも落ちている

聞法の不用意について話しましたが、それについて想い出す話があります。よほど前のことです、私が北国《ほっこく》の旅をしたことがありまして、金沢市の廣済寺《こうさい》に入りました。寺主《じしゅ》武佐《むさ》祐圓兄《ゆうえんけい》は喜び迎えて、早速、講話会を催すといって、長い法衣《ほうい》を着て墨《すみ》の袈裟《けさ》をかけたなり、自分であちらこちらへ案内に出懸《でか》けられました。その間、話し相手もなく、ほって置かれたのですけれども、その尊さに心では拝んでいました。そして、その事によって、私は却《かえ》って大いに教訓を受けたことであります。

一晩か二晩か泊めていただき、心おきない接待をうけたことでありましたが、その

最後の昼食《ちゅうじき》の時、祐圓君と私とが談じながら食事をして居りますと、妻君《さいくん》は小さい児を背に負うて給仕をして、台所へ何度となく通うていられました。ところが一向待っても来られなくなりましたので、祐圓君は立って台所へゆき、帰ってきて、「ハッハッ」と武佐君独特の例の笑をして「嬶《かか》が泣いているわ」なぜ泣いているのかと尋ねると「君が二日もおって、自分に何一つお話をして呉れぬといって泣いているのだ、昨日から台所で御膳の支度をしては、急いで座敷に出て御給仕をしている、それは何か一言でも聞かして欲しいからである。待っても待っても話して下さらぬ、他《ひと》に給仕さしてもよいのだけれども、聴《き》き度《た》いばっかりに、朝も昼も晩も、食事の時は、自分で児まで背負うて座敷に出て給仕をしておるのに最うこれで食事も終る、終ったら急いで出立《しゅったつ》せらるるのであるのに、今になる迄、一言《ひとこと》も言うて下さらぬ、私は見《み》限《かぎ》られているに違いないというて泣いている」といって、「ハッハッ」と笑うておられる。

武佐君言《いわ》く、「本堂で話のある時は、寺の者というものは台所が忙しくて到底、聴聞に出られぬ。出ても耳にはいらぬから、座敷で聞こうと思うているのだ」と付加えられました。私は奥さんの聞法の精神に感服して「それは失敬なことだった、しかしこれというて話すことは無い」というと、武佐君は無理に「話してやってくれ」ともいわず、黙って平気な顔をしていられる。ここに何とも言えぬ武佐君の豪《えら》い処があるのであって、かつて夫婦と子供とを連れて、一家こぞって求道の旅に出られたことさえあったそうであり、自分は道を求めて、日本中有名な僧をたずねて聞法に歩いたり、ついには禅宗の高僧をたずねて、数年間雲水生活をせられたこともあるくらいであって、一時は寺をも捨てて求道の旅をせられたのである。それは自分が道を得ずして、寺にかじりついて食うていては済まぬと思われたからであります。こんな話を二日間、面《ま》のあたり、いろいろ聞かせてもらっただけでも、私は非常に嬉しく大いに導きを受けたことであります。「寺の人には少々くらい話したって駄目だね」と武佐君に話していると、武佐君は「ウン話してやらずともよい、寺の者は本堂で聴聞しようと思うから出来んのだ、本堂で話のある時は台所が忙しくて、聞法の縁は無いものだが、それでも求道の心懸けさえあれば、寺の内には法は落ちておるのだ。それを拾おうとせぬから駄目じゃ、座敷や台所を通うている間に、法の落穂《おちぼ》を拾う心得があれば、本堂で聴聞ができずとも沢山得られるのだ」と平気に言っておられたので、私はその心懸けの豪いのに少なからず敬服して、私が聴聞さされたことでありました。

私の話すかわりに、武佐君の口から此んな尊い言葉が出ていたのである。奥さんは果してこの言葉を聴聞せられたかどうか、今に問い合わす期会《きかい》がないのであるが、私には忘るることの出来ぬ尊い言葉であります。奥さんが、それでも余り物足らぬ顔をしていられたから、私はその顔を見ている内に、何故《なにゆえ》となく思い浮かぶままに「それでは一言話しましょうか」というと奥さんは謹んで聞こうとしていられたので、少々言いにくかったけれども「奥さんは此の家《うち》が、も少し貧乏になると逃げ出しますね」といったら、奥さんは事の意外なのに、びっくりして「何《な》に、そんなことがありますものか、此んなに貧乏でも働いているじゃありませんか」といわれたが「イヤ私はそうは思わぬ」というと、横から武佐君は「君、よういうた、そうじゃそうじゃ、これは逃げよる。ハッハッ」というて例の如く笑っていられる、暫《しばら》くは、「イヤ逃げぬ」「イヤ逃げる」と、三人が言い合っていましたが、武佐君は、「お前は、昔、子供をつれて旅をして困った時、もうかなわぬといって逃げようとしたぞ、イヤ逃げる逃げる」といって笑っていられた。

その儘《まま》、お寺を辞して安田に向こうたことでしたが奥さんのみならず、多くの寺の者は生活に少し困ると逃げ出すであろうと思います。逃げ出しでもすれば、それは未だ上々の方でありますが、普通の女ではなかなか逃げ出し得ぬのでありますの。逃げ出し得ぬ代わりに、不平と不足と不満と呪咀《じゅそ》とで日を暮らすのであります。その禍《わざわい》たるや逃げ出す以上であります。寺院内の生活が求道の為めでなく、聞法のためでなくて、ひとえに生活のための生活であるのが多いのですから、随って聞法の所得がなく、幸福がなく、生活の不如意《ふにょい》に泣かねばなりません。財政中心の生活であるならば寺院生活には幸福と満足は一生見舞って来ないに定《き》まっておると、いってもよいのであります。

住職であっても子弟であっても、細君であっても、財政中心、物質本位であっては、寺院生活には一生涯、満足と幸福は来ないのであります。求道中心の生活、精神的幸福を本位とするならば、寺院生活は他の人の生活よりは非常にありがたい所であります。

三九、世話をする人の所得

落穂《おちぼ》ということで思いだすことですが、かつて神戸高商や、大阪高商の仏教青年会で話をしていました時分、何時でも二人か三人の幹事の人が万事の世話をするのですが、此の人たちは世話が多くて、しっくり聞く暇がないのですけれども、後年になって考えてみると此の世話をする人々が、大抵は道を喜ぶようになっているのでありま す。無論、その他にもありますが、きっと、幹事の人が道の人となるるのでありま す。これはあちこち世話をしておる間に、自然に得る処ができ、落穂を拾われるからであろうと思います。此の意味から言えば、寺の世話人という人々は、もっともっと法悦《ほうえつ》の信者とならねばならぬ筈であるのに、寺の世話人には篤信《とくしん》の人が少なく、ただ法に馴れた人が多いというのは、何故《なにゆえ》かと考えさされるのであります。

純真な求道心がなくて聞法に馴れ近づいた人々は、僧侶の生活や寺院の内面の悪い所ばかり見て、それに妨げられて仕舞うのではないかと思います。まことに残念なことであり、気の毒なことであります。法に近づき、道の世話をすればするほど、道が深まってゆき徳がつくべき筈なのであります。求道心《きゅうどうしん》はつねに新しくなければならぬことであり、聞法心《もんぼうしん》は純真でなければなりません。

四〇、他人の問は自分の問である

なお注意せねばならぬことは、坐談会などの席で他の人が話をしたり、話を聞いたりしている時であります。聞法《もんぼう》の不用意は、かかる時において、それは他人のことであって自分のことではないと、退屈に感じたりして、何等《なんら》の得《う》る所のない人がありま す。自分一人《にん》に取り切って聞かさるるか、話さるることでないと、聞こうとせぬ人があります、それは聞法の不用意であります。一人の人に話されている様であって、全体の人に話されているのであります。否、多くの場合、精神上の事は遍通性《へんつうせい》を有するものでありますから、静かに熟慮すれば、他人の問は自分の問であり、他人への答えは、均《ひと》しく自分への答であります。かえって自分に直接話された時は、案外了解し難《にく》くて、他人に話されておる時が明了《めいりょう》に理解できる場合が多々あります。しかるに、一度も自分に話されないというと、何も得ずに帰る人があります、それは、聞法の不用意からであります。

四一、聞いている人が一人も居らぬ

とにもかくにも、我身《わがみ》を法座《ほうざ》に運んで聞法することです。いくら考えていたって進むものではありません。聞いて聞いて、そして思惟《しゆい》すればこそ進むのであります。

蓮如上人は、

仏法には、世間のひまを闕《か》きてきくべし。世間のひまをあけて、法を聞くべきように思う事、あさましきことなり。（『蓮如上人御一代記聞書』聖典八八二頁）

と申されております。ひまがないと言います、ひまがないと思います。自分を幸福にする道をきくのでありますから、世間の用事のひまをつくり、ひまを闕いて聞くようにせねばならぬのであります。自分のためであり、自分のことであるのに、他《ひと》のことのように考えている人が多いのです。案内を受けたから参らねばならぬとか、再三再四案内されているから、義理が悪いから参るとか、自分の方へ参って呉れたから、自分も参らねば済まぬとかいっております。そうなると幾度聞法の縁に逢うても、それは心からの聞法ではありません。それでも、ちっとも縁のないよりは結構かも知れませんが、それで法縁《ほうえん》がつけば、それはまことに偶然のことであって、恐らくは徒労《とろう》のことが多いでしょう。つまり心から詣《まい》ったことはないこととなります。甲、乙、丙の人がありますと、甲は乙が参ってくれたその義理で、乙に参るのであって、甲には求道聞法の心はないのであります。乙はまた甲が参ってくれた義理で、甲の家に参るのであります。丙も同様であるとすれば、甲の家へ、乙と丙が集まり、乙の家へ甲と丙とが集まり、丙の家に甲と乙とが集まっても、要するに、甲と乙と丙との集まってお る所には、何時でも心から求道し聞法しておる人は、一人もいないのであります。しかも、それが甲の家で法座を開く場合に、乙や丙や丁が来ないと、さびしいから他日乙や丙を来聴せしむるために、今甲が乙の家に出向いてゆくのであり、乙も丙も同様の意味で他の家の法座に参会するに至っては、言語道断《ごんごどうだん》というべきであります。

そんな人の集合のところでは、如何に真剣に話しても、実は真に道を求めて聴聞する人がおらないのですから、何十遍、何百遍、法が説かれても、それは何の所詮《しょせん》もなく、甲や乙や丙にも何の得《う》る所もないのであります。たとい感動しても、それはほんの一夜の感動にしかすぎないのであります。折角、一夜を費し、家を整えて、接待に心を用い、身と時間とを費しても、それは徒労《とろう》に近いこととなって仕舞います。まことに勿体ないことであります。

それでも聞かないよりはよいでしょうといいますが、考えてみれば余りに勿体《もったい》ない心身の徒労であります。少しはかかる不真《ふしん》な聞法心を省みて、純真に求道しなくてはならぬではありませんか。

四二、その籠を水に入れよ

人の、こころえのとおり、申されけるに、「わがこころは、ただ、かごに水を入れ候うように、仏法の御座敷《ざしき》にては、ありがたくもとうとくも存じ候うが、やがて、もとの心中《しんじゅう》になされ候う」と、申され候う所に、前々住上人、仰《おお》せられ候う。「そのかごを水につけよ」と。わが身をば法にひてておくべきよし、仰せられ候う。万事《ばんじ》、信なきによりてわろきなり。善知識《ぜんちしき》の、わろきと、仰せらるるは、信のなきことをくせごとと、仰せられ候う事に候う。

（『蓮如上人御一代記聞書』聖典八七一～八七二頁）

と、『御一代記聞書《ごいちだいききがき》』にありますが、蓮如上人が、その籠を水につけて置けと申されたことは、つねにつねに聴聞しておれということであります。普通には、聴聞の面倒から早く手離れして、後は聴聞せずとも、いつでも安心して、いつでも喜んで居《お》られる様になりたいと、欲な心ばかりが先立っていますから、なおさら喜ぶ身になれないのであります。手離れする身になろうと急がずに、せっせと聞法を怠らぬよう、続けてゆけばよいではありませんか。急げ急げということは、それは自分の重大事であるから急ぐのであって、所得を急いだり、はやく手離れして、安気《あんき》で暮らしたいなどと、利巧なことを考えるのではありません。早く金をためて仕舞うて、懐手で暮らそうという考えであります。洗濯ものを片付けるようなわけにゆくものではありません。

四三、なんぼ聞いても忘れてしまう

なんぼ聴いても直ぐ忘れて仕舞うと、つねにいうている人があります。そして平気に言っていますが、あんなことは、そう毎度、平気に発すべき言葉ではありません。何の恥かし気もなく、至極当然なことであるかの如く、いうている人を聞くとき、私はぞっとします。忘れてはならぬことを聞いていながら、忘るることを自慢らしくいうているのです。それは、仏法を聴いても、さっさと忘れてかまわぬものだと思うているからであります。忘れても可《よ》いのなら、初めから聴かぬがよろしい。忘れてはならぬのなら、そんな言葉は、聞法してすぐ出すものではありません。確《しか》と心に入れてさえ忘れ易《やす》いのですのに、そんな事を平気でいうようでは尚更《なおさら》忘れます。忘れてよい話など一つもありません。忘れてよいのなら、初めから話さないのであります。忘れないのがよいのであります。忘るべからざることを、忘れるのであってみれば、恥ずべきことであって、決して平気であってはなりません。どうしても、心にたもっておくことができないならば、悲しみつつその意味だけでも、不散不失《ふさんふしつ》に持っていようとすべきであります。本気に道を求めて、聞法を大切にするならば、自分にとって重要な一語は、忘れようとしても、決して忘れらるるものではありません。必ず、誰に聞いたとか、何時聞いたとか、何の本にあったかとか、大抵は明了《めいりょう》に記憶しているものであります。

四四、毛孔からでも這入って下さる

懈怠《けだい》な心ながらにも、聴聞を熱心につづけておると、その内には、懈怠な心であるということだけでも知れてきます。懈怠が懈怠と知れぬことが、最も困ったことであります。懈怠と知れてくれば、精進する心も自然と起こってまいります。それゆえ聴聞が何といっても大切であります。

かつて神戸の福間家《ふくまけ》を訪ねた時、故主久米吉氏《くめきちし》の重病と、入信の話が出ました。その時、主人の忠僕であった某氏《ぼうし》自ら、「私も仏法を悦《よろこ》ばしていただく御蔭で、家の主人達と一処に座敷に坐らしていただいているのです」というような悦《よろこび》から、私の問に答えて、自分の過去の生活や、入信の話などしてくれられて、「本当ですな、昔、主人の母堂《ぼどう》が信者でして、主人には宗教心がなかったのでしたが、孝心者《こうしんもの》でしたから、母堂のお寺に参詣《さんけい》せらるることは妨げられません。また参詣の時は私に御伴《おとも》を命ぜられるのでした。随分と乱暴者の私は仏とも法とも知らないのですから、いつも後ろで居眠りばかりしていました。そうすると御老人は、それでもよい、聴聞していると、毛孔から仏法がはいって下さると、いつも言ってでした。そんな馬鹿なことがあるものか、仏法なんぞ聞かなくてもよいと思っていましたが、主人が大病になられまして、私は可愛がっていただきましたものですから、何かと主人の用事をいたしますので、つい先生方が主人の枕元で話さるる御法話を、聞くともなしに屏風《びょうぶ》の後で、毎度聞いていたのでした。

するとある時、ああ有難いと思いまして、ああ有難い、ああ有難いと、私が突然大声を屏風の後ろで挙《あ》げて泣いたものですから、皆びっくりせられたような次第です。御後室《ごこうしつ》について、永らく居眠りながら、聴聞していました御蔭で、仏法が本当に毛孔からはいって下さったのです。その後は、全く自分の世界が変って仕舞うて、真に仕合せをさせていただいております」と、感激にみちて喜んでいられました。ただ漠然ときいていてさえ、何時かは御慈悲が通って下さるのです。まして求道して、聞法を怠らないならば、きっと、解らしていただけるのであります。

四五、静かに坐っているだけでも好い

聴聞の席に出て、静かに坐っていることだけでも、結構なことであると思います。自分の家におっては、朝から晩まで、二六時中、心は猿のように、身は車の輪の如く、がたがたしていて、ちっとも静かさを得る時はないものであります。唯、何かを求めて右往左往に走っているばかりであり、後ろからは何かに追駆けられているようであります。安き心もなく、希望の光もないではありませんか。しかもただもう、ひたすらに、あせってばかりいて、ちっとも内省することもしないのであります。自分を幸福にするためには、前に走るばかりが能ではありますまい。ちっとは走った結果や、

平生《へいぜい》の心を反省して、考えてやらねばならぬではありませんか。静坐《せいざ》法を三十分間やってさえ、心のうえにも、身体の上にも、大変の好結果が得らるるのであります。ましてて静かに心をもち、身を静かにして、心静かに道を聞くにおいては、ただそれだけでも多大な徳があります。身体の上にも、精神の上にも、静坐と反省ということがどれだけの幸福を齎《もたら》すか知れないのに、その仕合《しあわ》せをも省みずして、折角、仏前に坐っていても、心が焦《い》ら焦らして、余他《よた》のことに焦慮《しょうりょ》しておるのは何としたことかと思います。たとい話さるることによって多大なものが得られずとも、静思《せいし》によって意外な産物を得るに決まっているのです。

しかるに、聞法の坐に出まい出まいとするのは、何等かの予定観念が働くのであって、時間が惜しいとか、解らぬであろうとか、大して得《う》る処はあるまいとか、何とか考えて躊躇するのでありましょう、それは自己のはからい心であります。出れば出ただけ、聴けば聞くだけ、得る処はあるものであります。時間をあけてとか、時間があったらとか考えては、聞法はできるものではありません。時間があったらと思いますが、そんな時間は滅多にありません。余った金があったら、要らぬ金があったらと考えるようなもので、金以上に時間はなおありません。好きな遊びには時間をつくるように、世間の用事を省略して、用事を闕《か》いて聞法をするつもりでなくては、なかなか聞けるものではないと申さるるのであります。世間的の用事についてでさえ、静思反省して、過去と将来を大観《たいかん》する必要があります。自己幸福の大道《だいどう》については如何程《いかほど》も時間をつくるべきであります。生活問題に関して事業や仕事を勤むることは、勿論せねばならぬことでありますけれども、それのみに昼夜没頭しておる自分が、どうなっているかを静思して、そのために時間をつくる事は重要な事ではありますまいか。

私は人々の上を静かに思いめぐらすとき、手をとって引き摺《ず》りたい心地がいたします。聞法に時間を費やすことは決してあなたを不幸にはしません。かえって、時間を惜しんで働く以上に、聞法があなたに種々のよきものを、きっと持ち来たすに違いありません。しかも、

仏法には、明日と云《い》う事はあるまじき

（『蓮如上人御一代記聞書』聖典八八二頁）

と、蓮如《れんにょ》上人は申されています。

四六、生活の無理想

生活の無理想、無定見ほど悪いものはありません。生活には一つの理想とするものがなくてはならぬのであります。ただ、苦しいとか面白くないとか、不平や小言ばかり言うていないで、理想をもって、そのために努力すべきであります。そのうちには何とかなるであろうと、時間に解決を委《ゆだ》ねたり、幸福は天からでも降って来るように思うていてはなりません。天からも降らねば、地からも涌いて来ません。

書物を読みたいが時間がないとならば、時間をつくらねばならぬのであります。金がないのならば金、時間がないならば時間、時間と金とが必要ならば、時間と金とが出来るように努めねばならぬのであります。ただ時間がない、金がないというていても、書物を読む時は永久に来ないのであります。念願があればそれを成就するために、努力も、工夫もする。そこに勤倹力行《きんけんりょくこう》の必要も意義を為すのであります。聞法についても、それと同様に、時間がなければつくることにつとむべきであります。

物質生活のために費やす力を削減すれば、聞法の時間は出て来ます。物質生活のために費やす十分の一でも、聞法に費やせばよいのであります。また遊楽の時間の、二《に》分《ぶ》三分《さんぶ》を割《さ》いても時間は出てくるのであります。

日常生活の急に追われて、実際に時間の得られぬ場合もあるでありましょうが、生活の理想がそこにあれば、一分《ぶ》でも二分《ぶ》でもと、念願せざるを得ないではありませんか。二分《ぶ》は三分《ぶ》とし、四分《ぶ》とし五分《ぶ》としたいと、念願せずにはおられなくなるはずであります。物質の問題を考える時は、それを明了に念願しているではありませんか。即ち少しでも働く時間の少なくなるように念願し、そして自分の自由の時間の多くを得らるることを願うているではありませんか。そして自己の資生《しせい》の財と、自由の時間を得たいと、念願しているではありませんか。人が成功成功というているのは、これに外ならないのであり、これが得られないがために、やかましく騒いでいるのであります。ブルジョワ思想はいけないといいますけれども、それはいたずらに、金と時間とを有しているのがいけないのであって、時間と金との余裕が、真の意味において用いられる限り、それは吾人《ごじん》の理想でなくてはなりません。ただ働きさえすればよいとか、金を得さえすればよいとか、自己幸福の正道《せいどう》の、何物《なにもの》たるやを明かにせずして、ただもう前へ進みさえすれば、いい様に考えているのは、実に無定見の甚だしきものと申さなければなりません。それが幸福の峰への道ではなく、苦悩の峰への進みであっては、心身を尽しての努力も、無益の労作といわねばならなくなります。現在の道程、自己のとって来た道はどちらの道に向かうているのかと、時々は自分の道をしずかに験《しら》べてやらねばなりません。そのために費やす、二分《ぶ》三分《ぶ》の力と時間とは、決して無用のことと申すことは出来ません。十の力《ちから》を十二にも十三にもと、能率ばかり考えて、働くばかりでは、それはつまらないことであります。

四七、信の点睛

信《しん》をば得《え》ずして、よろこび候《そうら》わんと、思うこと、たとえば、糸にて物をぬうように、あとをそのままにてぬえば、ぬけ候うように、悦《よろこ》び候わんとも、信をえぬは、いたずらごとなり。「よろこべ。たすけたまわん」と、仰《おお》せられ候うことにてもなく候う。たのむ衆生をたすけたまわん、との本願《ほんがん》にて候う。

（『蓮如上人御一代記聞書』聖典八九六頁）

とある詞《ことば》の、この譬《たと》えを面白く思います。

自分の真の幸福になる道を求めずに、これこそ幸福になる道だといわぬばかりに、金に走り、名誉に走り、権勢に走って、男も女も懸命につとめてはいますけれども、あたかも物を縫うのに、糸を結ばずに縫うているようなもので、折角最後に近づいたと思う時分には、すうっと糸が抜けて、折角一代かかって縫うた努力は、何の所詮もなく、大《だい》なる資材を蓄えて後悔し、子を育て上げて後悔し、名を立て家を為して後悔し、つねに後悔の頁《ページ》を綴《つづ》っているようであります。それが他力本願を信楽《しんぎょう》するにいたって、人生一代の過去の努力が、初めてその意義を完《まっと》うするのであると申されるのであります。

信の点睛《てんせい》によって、人生は初めて活躍する龍となるのであります。まことに信の幸福、不幸福は、信の点睛によって定まるのであります。しかるに、此の道が明らかにならずしては、千万の努力奮闘も、何の意義もなさないのであります。

四八、出発と道程と到達と結果

信が幸、不幸を分岐《ぶんき》すると聞くと、多くの人は、しからば信さえうれば、幸福になるのであると考え、信さえ得れば苦悩はなくなるのであると、ただ一向《ひたすら》に信のみを得ようとして焦慮します。そしてその出発と道程を無視するのであります。

信はまことに幸福、不幸福の契点《かいてん》であり、闇と光の契点でありますから、求道《きゅうどう》は聞法《もんぼう》となり、聞法は獲信《ぎゃくしん》を目的とするのであります。しかしながら、その信に達するについて、その道程と出発とを明らかにせねばならぬのであります。

普通に多くの人々は、何ゆえに聞法し、何ゆえに信を得んとするかというと、仏になって幸福を得るためであるとか、浄土に往生して苦を脱するためであると、思うているらしいのであります。それはそれに違いないとしても、それは信の結果であって、それは信に対する出発ではありません、方向が違います。吾人《ごじん》に、求道の出発があり、道程があって、そして信への到達があり、その彼方に信の結果があるのであります。

こなたの出発と、彼方の結果とを混同していては、真実の信に達することは到底出来ないのであります。

求道の立場の問題です。吾人の立場は現在であります。現在の立場が苦しく悩ましいのであります。この私をどうすべきかが、問題なのであります。それを外《ほか》にして、宗教の問題はありません。この悩ましい私を、どうすれば幸福になるだろうかという衷心《ちゅうしん》の念願が、私共を求道の旅に出立さすのであります。

四九、釈尊求道の出発点

これを釈尊《しゃくそん》の上に見るべきであります。釈尊の求道は、何処から出発せられたかであります。釈尊ほどに真に幸福を念願せられた方は、世界に二人とはあるまいと思います。この儘《まま》では、決して幸福ではないということを、明らかに自覚された方は釈尊であります。そのかわり、真に真なる幸福を、求めねばおかぬと決心されたのでありますそれが釈尊の求道の出発点であります。これは私共の忘れてはならぬことであります。

釈尊には親もあったのです、釈尊には妻もあったのです、釈尊には子もあったのです、釈尊には位《くらい》もあったのであります、権勢もあったのであります、釈尊には自然に財宝もあったのであります、学識もあったのであります。釈尊には親を愛し、妻を愛し、子を愛し、臣下を愛し、国民を愛する心もあったのであります。しかしながら、それらの総てを具備《ぐび》しながら、幸福にはなれなかったのであります。それゆえ、真の幸福を求めずにはおれなかったのであります。それが、釈尊の求道の立場でありました。

釈尊には、自分が真の幸福になりたい念願があったと同時に、釈尊の愛は、親をも、妻子をも、国民をも、真の幸福にせしめずにはおけない念願があったのであります。そうでないと、自分が真の幸福とはなれない事を、知っていられたのであります。仏の教えが自利利他《じりりた》を、真幸福の理想としておらるるのは、ここにその源泉を発しているに違いありません。それが釈尊の求道の出立点であります。

五〇、苦悩の原因は物にあるか

私共は苦悩の原因を、物にあると考えています。物の過不足に存《そん》すると考えて、不足はこれを満たそうとし、過ぎたるはこれを削除しようとしています。古往今来《こおうこんらい》、学術、文化、発展のすべて、人間の歴史は此の努力の域を脱していないのであります。釈尊はこれを物の上に認めずして、心の上に発見せられたのであります。釈尊の四諦《したい》の証理《しょうり》は、一言《げん》にしていえばこれに帰するのであります。人生の悩苦《のうく》の結果、その結果から原因に遡《さかのぼ》って、これを物に帰せずして、心の上に認められたのであります。釈尊の畢生《ひっせい》の努力の結果、発見せられた此の真理に、吾人はいつまでも醒《さ》めずに迷うているのであります。私共は自覚して自証《じしょう》し得ずとも、釈尊の自覚自証に教えられて覚醒すべきであります。聞法の要《よう》は第一にここにあるのであります。

釈尊が高貴の出《しゅつ》であったことは、誠に尊いことであると思います。名誉、権勢、財力、智能の、総てを具有《ぐゆう》していられたけれども、それらの物は、釈尊を幸福にせしなかったのであります。釈尊の初めから捨てられたものを、吾人は畢生《ひっせい》の努力を払うて、得んとしているのであります。しかしながら、単に捨てられたからといって、釈尊の真似をして、これを軽んじこれを捨てようとするのは、それは模倣《もほう》であって、釈尊の求道の精神を得たものではありません。形式の模倣は、何等の価値がないのみならず、それはかえって求道を毒するものであります。要はその心を領《りょう》すべきであります。

幸福を求むる釈尊は、親について悩み、妻子について悩み、国について悩み、親子の問題、妻子の問題、地位の問題、生活の問題、あらゆる問題のみあって、それが一つも解決を得ずして、考えれば考えるほど、釈尊の胸を痛めたのであります。それから、老も病も死も、釈尊を悩ましたのであります。釈尊の魂が、真摯《しんし》に総《すべ》ての物に向かわるる時、それが一々問題となって、その問題の解決を求めざるを得なくなり、これらをどうしたらよいのかということが、凡《すべ》てを捨ててでもと、渾身《こんしん》の勇をもって、求道の旅に上《のぼ》られたのであります。ですから釈尊の求道は、万々《ばんばん》あの世のためではなく、現在の諸問題を立場として出発しておらるるのであります。

他力門の往生浄土という思想も、求道の出発は、釈尊の如く、現実の人生問題のすべてでなくてはならぬのであります。求道はあの世から出発するのではなく、この世の現実問題から出発せねばならぬのであります。

五一、宗教は「今」の問題なり

初めは誰でも、この世のことから出発するのですけれども、いつの間にか、その出発した処を忘れて、あの世から出発して、求道聞法《きゅうどうもんぼう》するようになってしまうのであります。それがため、聞いても聞いても会得《えとく》がいかなくなってしまうのであります。

求道の出発点が明らかであって、聞法の道程を経て、信に達したものならば、信は未来の問題、死の問題、死後の問題をも解決し、また現実の人生の諸問題をも、解決する筈であります。しかるに、出発した家を忘れて、方角を転換してしまうものですから、如来は未来のみを照らして、現在を照らさなくなるのであります。自己の信が、未来を照らしているように思うているけれども、現在を照らさないような光は、真に未来を照らしているのではありません。ですから未来の往生を喜んでいると言いながら、実はちっとも喜べていないのでありますと。未来の成仏を楽しんでいるというけれども、事実は楽しめておらないのであります。その証拠には、未来こそ一大事じゃと口にはいうていても、事実の上に、毎日毎日真剣になっている事は、現実生活のことばかりであります。この世こそ真に一大事であって、寸分のぬかりもないほどに、電報や、電話や、金の事で、眼を光らしているではありませんか。そして聞法となると居眠りばかりしているではありませんか、眠らぬにしても、なおざりに付しているではありませんか。

朝から晩まで、家にあっても、外にあっても、旅をしても、そのいつでも、何を考え、何を煩い、何を悩んでいるのかと、ちっとは本気に自分の胸の中《うち》をのぞいてみるべきだと思います。偽《いつわ》るべからざる真に悩んでいる問題は何か、真剣に心配している問題は何か。あの世のことに安心しているといっても、此の心は、此の世のことで一杯ではありませんか。本当は此の世のこと、日常の諸問題が苦しくて、それが何とかなって欲しいのではありませんか。是非とも何とかせねばおれぬがために、種々様々の努力をしているのではありませんか。それがどうにもならないから、焦《い》ら焦《い》らばかりしているのではありませんか。それがために人生が悩ましくなるのではありませんか、此の点が明了になっていなくては、聖人の仰せも真実にひびいてはきません。随って真実の信に到達することはなく、信の歓喜も湧いて来ないのであります。親鸞聖人の信の問題は、未来の問題ではありません。現に「今」の問題に立ってのことであります。それゆえ一念発起《いちねんほっき》、平生業成《へいぜいごうじょう》の宗旨と申されるのであります。問題を未来としている人は、臨終正念《りんじゅうしょうねん》をいのる人であります。その人は他力の信心がないのであります。かかる人々は深く内省して、「今」の心と、現実の問題を問題とする心に、立ち帰らねばならないのであります。宗教の問題は現実の問題であり、求道の出発は現実の諸問題であることを、忘れないようにして、この問題を求め求めて、聞法すべきであります。此の心を持しつつ、聞法してゆくところに、真実の信心は決得《けっとく》せられ、現実人生の諸問題は解決せられて現実に歓喜信楽《しんぎょう》の生活を得るのであります。

五二、現実問題をぬきにした宗教は空である

私共は現に、過去と未来との間に立っているものであります。そして過去に対して省みるとき、多くの悔恨を有して悩み、将来を望むとき不安と恐怖と暗黒の悩みを有するのであります。そして現在の周囲環境を視《み》まわすとき、家族、友人、社会、国家に関する諸多の問題があって、私を悩ますのであります。私共の悩みは、つねに此の三方に対してであり、そして現在に立つ自分は、つねにこれに悩んでいるのでありま す。死後も未来に対する問題ではありますけれども、そこまで真実に悩む人は、極めて稀《まれ》でありまして、多くは死に到るまでの自己の成行《なりゆ》きを案じて、不安と恐怖に襲われておるのであります。その問題をどうするかが求道であり、その問題をどうして貫うかが、他力救済の問題なのであります。現実の問題をぬきにした宗教問題は空《くう》であり、信の内容は空に外ならなくなります。何時の間にか、かかる現実の問題が忘却されて、そして信の問題が云為《うんい》せらるるものですから。信仰問題は人生の閑《かん》問題となっ

てしまうのであります。それがために離るることも出来ないが、いつまでたっても、安心も歓喜も得られないのであります。

五三、信心は他力なり

私は十余年間、多くの人々と、道を話し合うて来ましたが、ふり返ってみますと、一向もの足りなくて落胆するのであります。

手をひいて進もうとしても人々は、右にそれ左にそれて一緒に歩こうとしられません。いな、しないのではなく、為《な》し得ないのであります。私はもどかしさに泣きたくなることがあります。苦しくなり、胸が痛くなるのであります。人々の日常生活の状態を考え、その環境を察するとき、それは無理のないことであると、同情もするのですけれども、しかし、私は苦しくなるのであります。苦しいものだから、私はまた考えました。そしてその原因が自分にもあるのでしょうけれども、聞法《もんぼう》する人々の用意、いかんにあるのではあるまいかと思いついたのです。それゆえ、聞法の用意として、もしも聞き誤り、考え誤って、求道《きゅうどう》し聞法しておらるるのではないかと、心に浮かぶままを連ねてみたのであります。

それでも、「やっぱり分からぬ」「どうも分からぬ」と訴えらるるのであります。私は悲しくならざるを得ません。そして苦しさの余りには、親鸞聖人が、

三朝《さんちょう》浄土《じょうど》の大師《だいし》等《とう》
哀愍《あいみん》摂受《しょうじゅ》したまいて
真実信心《しんじん》すすめしめ
定聚《じょうじゅ》のくらいにいれしめよ
（『正像末和讃』聖典五〇五頁）

と、遠く三朝浄土の大師達を、声高く呼んでおらるるのを、憶《おも》い出さざるを得ません。聖人にして尚かつ、自己の努力以上に、三朝浄土の聖衆《しょうじゅう》の加備《かび》を請《こ》うておらるるのであれば、私《わたくしごと》如きものの、その不可能に悩み苦しむのは、当然至極のことであります。もとより私如きものの力の及ぶ処ではないのであります。蓮如上人でさえ、宿《しゅく》善《ぜん》まかせとはいいながら、述懐のこころ、しばらくも、やむことなしと、痛歎《つうたん》していらるるのであります。我が信も他力であれば、人々の信も、他力の御計《おんはか》らいの外はな

いのであります。ここまで気づいてみれば、自分の力一杯、気づいただけを、精一杯注意して参考とするより外はないのであります。

五四、脚下を忘れている

自己の苦しみ悩むとき、これを救おうとして、あらぬ方《ほう》にのみ道をさがして、焦《い》らだっておる多くの人々を見ますと、気の毒に堪えませんが、その人々が、薄き光を教えの上に認めて、熱心に聞法しつつ、悩んでおらるる姿を見ることは、悲痛の限りであります。

さなきだに、生の悩みと痛みとを抱いて、苦しんでいる人が、此の悩苦《のうく》より救われんとして聞法《もんぼう》し、そし不可解の悩みを加えるのであるから、一層苦しからざるを得ません。それゆえ、むしろ聞かねばよかったとか、聞法を止めようと思うたり、慨嘆《がいたん》したりされるのは、実に尤もなことであると思います。歩いても歩いても大道《だいどう》に出でず、聞いても聞いても光に接せざるにおいては、誰だって悩まずにはおれません。

しかしながら、道を踏みちがえていないかと、幾度も考慮してみなければならぬのであります。ただ歩きさえすればと、無闇《むやみ》に急いで歩くばかりではなりません。静かに静かに、しっとりと、踏みしめて進むようにいたしたいものであります。

私共は、自分の脚《あし》もとを忘れて、向こうばかり望んで、あせるものであります。信は現在の悩苦《のうく》を救い、未来を救うと聞き、信は過去を照らし、未来を照らし、現在を輝かすと聞くと、それこそ望むところであり、欲しいものであると、ただもう、ひたすらに、信のみに憧《あこが》れて、それを得ようとし、取ろうとします。しかしながら、それがなかなか得られず、取れないのであります、それゆえいよいよ焦《じ》れ出すのであります。取れそうで取れぬもの、得られそうで得られないものほど、心を焦《い》ら立たせるものはありません。さあ、こうなると眼が眩《くら》むのであります。苦しいといい悩むというのは、何に悩んでいるのであるかというと、いつの間にか、現実の悩苦を忘却《ぼうきゃく》して、苦しむのは信の得られないことであり、悩むのは信の分からぬことであります。眼は向こうにばかりとまって、脚下《あしもと》を忘れてしまうているのであります。我を忘れてしまうて、信を求めているのであります。我が悩苦《のうく》の問題を忘れて、信不可解の悩苦に悶えているのであります。此んな人が多くあります。それではどんなに熱心に求めても得らるることはありません。仏《ほとけ》を知りたいと、仏を捜しているのですけれども、自分を忘れているのであります。いつも眼は向こうばかりを望んで、手前を忘れているのであります。病人を忘れて、医者を探しているようなものです。

五五、予想信

多くはその人の予《よ》想信《そうしん》というものが、禍《わざわい》を為しています。信を予想するということは、悪いことであります。大抵《たいてい》、一度も二度もここに引っかかるものでありますが、気をつけねばなりません。何分にも人間の心は欲が深いものですから、信が我を救い、我を安楽ならしむると聞くと、欲心《よくしん》の心の耳は聳《そばだ》ちて、その信さえ得れば、この世も安楽、未来も安楽、此の世も幸福、未来も幸福、信には万善万行《まんぜんまんぎょう》、恒沙《ごうじゃ》の功徳《くどく》ありなどと聞いて、直ぐ、それを取ろうとします。欲が深いのであります。信は、自己の苦悩に泣くものの、必然の要求から生まるるものであって、貪欲のために求むべきものではないのであります。

信は救いを呼ぶ衷心《ちゅうしん》の願いから、生まるるものであって、所得を打算《ださん》して起こすべきものではありません、小賢《こざか》しいからであります。現在の苦悩を救うものは信であり、未来の幸福を齎《もたら》すものは信であると聞くと、されば、その信を得ることこそ専要《せんよう》であると、得ることのみにあせるのであります。小賢しい人は、何時でも「要するに」だけを把《つ》かもうとします。

五六、「要するに」と考えてはならぬ

「要するに」仏《ほとけ》とは此んなものであろう、
「要するに」信心とは此んなものであろう、
「要するに」信心を得たら、此んな心になるのであろう、
と考えます。そしてその様になろう、それを得ようとします。これを私は予想信《よそうしん》と名づけます。予想信は駄目です。予想信とは、きっと此んなものであろうということで

す。あろうということは信ではありません。「要するに」と考えることは、撤廃すべきであります。要するにと先決して考えずとも、正しく聞き、正しく考え、正しく進んでゆくならば、要するには、考えなくとも自然に出てくることであります。辿《たど》るべきを辿らずして「要するに」を急いでおる人は、何時までも、要するに、分からないのであります。

仏とは此んなものであろうと、予想することは、よくないことであります。予想しておいて、その予想と合致しようとするのであります。信とは此ういうものであろうと、予想を先立たせて、その予想の如くなろうというのですから、なかなかなれないのであります。それこそ自力的努力でありますす、たといああ分かった、ああそうかと一時は喜んでみても、それは自分の予想と一致した事の喜びであるから、自力で造ったものの、やがて壊《こわ》れるのは当然であります。

五七、金庫の鍵の如く

私が「金庫の鍵を合わすように、カチンと合うて、扉があく時があると、思うているのではありませんか」といいましたら、ある一人《にん》は「左様、そう思うているのです。聞け聞けといわれますから、聞いているのであります。熱心に長らく聞法しているのであります。聞いてさえいれば、カチンと鍵が合うて、扉の開く時があるだろうと思うている」といった人があります。

カチンと開く時があるだろうと、気長く待っている人と、なんでも早く開けようと、性急にあせっている人がありますが、つまり信心とは、金庫の鍵が合うて、宝蔵の扉が開くようなものであると予想してかかって、聞法《もんぼう》しているのであります。それゆえ書物を読む時も、どこかでその鍵が合わんかと、捜しているのでありこれでも合わぬ、あれでも合わんかと、捜しているのであり、これでも合わぬ、あれでも合わぬと、書物を漁るのであります。またここでも聞き、かしこでも聞き、聞きまわって、鍵を合わそうと願うているのであります。「他にもそんな人がありませんか」と、聞いてみましたら、「私もそうです」、「私もそうです」と、いわれて私はびっくりしました。

信さえ得たら、此の胸の苦しみがなくなるであろうと思い、それゆえ、何でも信心を得よう、信心が解りたいと念《おも》うて、じっと聴聞しているのである。しかるに、なんぼ聞いても、なんぼ待っても、それが得られないのであると聞いて、あきれてしまうたことであります。「未来の心配も、信さえ得たらなくなるであろうと思い、いつか、その信がカチンと解る時があろうと、待っているのです」といわれました。現在の問題は問題として、そっと胸にしまっておいて、信は信で別に聞いていれば、カチンと得らるる時があるであろう。それが得られたら、パラリズンと此の胸の苦しみが切れて、なくなるのであろうと、予想しているのであります、未来もカラッと晴れて、安心ができると思っているのであります。

うかうか聞いていると、そういう風に聞こえることも、無理ではありませんが、余りにも気が好過《よす》ぎると思うて、あきれざるを得ません。そういう予想信を抱いておるから、求めて聞こうとしないのであります。あるいは、また反対に、得ようとして急いでいるのであります。いずれも、それが皆予想の信を心中に描いて、それを把《つか》もうとしているに過ぎないのであります。履《くつ》を隔《へだ》てて、掻《か》くといいましょうか、国を異《こと》にして言葉が通じない憾《うら》みとでもいいましょうか。

客観的に考えることより、知らない人間の性質としては、誠に止むを得ぬことではありますけれども、道の話は、客観的にのみ考えては、到底分かることではないのであります。たとい客観的に考えてもまた客観的に説かるることがあっても、それがやがては、方向転換して、主観的に考えらるるようにならねばならぬのであります。

五八、予想信の種々相

信心を得たものはこうなると聞くと、多くの人は、要するに、信心ということは、そういうことだなあと、心中に予想信《よそうしん》を作ってしまうのであります。そして、我もそうなろうと努めるのであります。

それゆえ、信心歓喜と聞くと、信ということは歓喜《かんぎ》するようにならねば、信ではないと考え、歓喜という予想信を作って、そうなろうと努力するのであります。どうも喜べぬ喜べぬと、歎《なげ》くのでありますが、実は歓喜ばかりがほしいのであります。歓喜になりたいのであり、歓喜を以て信の証拠としたいのであります。予想信を立て、歓喜さえ出来れば、信が成立したものと考えたり、そして歓喜のなきを信の不成立と考えようとするのであります。かかる予想を先立たすがために、どれだけ悩むことか知れません。ことによると、信が得たい得たいというていますが、信はどうでもかまわぬのであって、実は歓喜が得られないために、悩んでいる人が随分あります。歓喜を漁《あさ》らんとすることをやめて、信を得んとつとむべきであります。信が得られないならば、信はどうすれば得らるるかと、退《しりぞ》いてその道を求むべきであります。

信心を得たらば欲も薄くなり、瞋《いか》りも薄くなり、悪も少なくなり、心も行いも変わると聞くと、信を得るということは、そうなるのであると予想信をつくって、そうなろうと努めんとします。欲を薄くせんとし、瞋りをやめんとし、悪をつつしまんとし、心も行いも改めんと、つとむるのであります。しかし、それがなかなかそうならないのであります。なぜ私はそうならぬのかと、悶えるに至《いた》るのであります。そうさえなれたら、信心であると考えて努力します。しかし、そうなれたからといって、それは必ずしも信ではありません。そんな信の予想は、さっぱりとやめて、捨つべきであります。欲が薄くなろうがなるまいが、瞋《いか》りが止もうが止むまいが、そんなことは暫《しばら》くやめて、ひたすらに、求道聞法《きゅうどうもんぼう》して、信への道を辿るべきであります。真実に他力信心さえ得れば、成るようになるのであります。自然の結果であり、自然の到達であります。根本の信が大切であって、枝葉《しよう》に頓着《とんじゃく》してかかってはならないのであります。

信心は報謝《ほうしゃ》となると聞いては、信心報謝という予想信をつくって報謝ができぬ、報謝ができぬと悩むのであります。いかに報謝の行をつとめても、それは信心ではありません。信心ではないから、報謝はなおさらできないのであります。

かく数え来たらば、いろいろに信の予想をつくりあげて、それになれぬことを歎《なげ》き、何でもそうなろうと努めますけれども、それがその通り出来ますならば、自力の修行ができるというものです。自力では助かりませんから、何時までも困っておらねばならぬのであります。

客観的に予想信を作って、そうなろうとし、そうなれぬことを歎いて、悩んでおる人々が幾らあるか知れません、これは余ほど注意しなければならぬことであります。信心には名号《みょうごう》が称《とな》えらるると聞いて、わしは信心はあるけれども、名号がとなえられぬと思っている人が、いくらあるかもしれません。これも同じことであります。予想信を勝手につくって、いうていることであります。名号がとなえられぬというのは、信心のないことでありましょうけれども、いくら名号をとなえるからといって、それが信心のある証拠とはならぬのであります。名号がとなえらるるということだけでは、信心があるとも無いとも、いえないのであります。そんなところに拘泥《こうでい》せずして、ただ信心を獲得《ぎゃくとく》すべき道を、徐《おもむろ》に辿《たど》って精進すべきであります。

真実の信心《しんじん》は必ず名号《みょうごう》を具す。名号は必ずしも願力の信心を具せざるなり。

（「信巻」聖典二三六頁）

親鸞聖人の申されているのも、この辺の消息を物語っていらるるのであります。

五九、悪いことは直さにゃならぬのですか

「アアそんなら矢張《やは》り、悪いことは直《なお》さにゃならんのですか」

「それはそうです、あなたは直さなくてもよいと思っていたんですか」

「この心を直すのは自力じゃありませんか、自力になるのじゃありませんか」

「そんなら、あなたは、自分の悪いことを直そうと思っていないのですね」

「ハイ、直そうと思っていません。他力だから、自然に、仏さまから直して下さると思ってるんです、聞いてさえおれば直ると思っています」

「そんなら、直りましたか」

「それが直らぬから苦しいのです、聞いてさえいれば直ると思うているのに、直りませんから困っています」

「直そうと思ってさえ、直りにくいのに、直そうと思う心がなければ直ることはありますすまい」

「ああ困ったことですなあ、直さにゃならんとは。やっぱり、直そうと努めねばならんのですか、直りますか知らん」

「直りますか知らんなどと、人のことのように言うていないで、能く考えて御覧《ごらん》なさい。もし、直らなければ、誰が苦しむのですか、あなたの周囲の人の苦しむのは無論ですが、それが廻《まわ》り廻りて、再びあなたの苦しみとなってくるのですよ。あなたの苦しむ原因は、あなたのその性癖《くせ》のためです。性癖というよりは、あなたの、自己に無反省な悪い心と、悪い行為から来ているのです。ですから、それが直らないかぎり、あなたの苦しみと悩みは、なくなることはありません」

「それは、そうですなあ」

「直そうと思っていないのは、あなたは、真に自分が悪いのだということが、分かっていないからであります。自分の苦しむのは、その心のためであって、人の悩むのも、自分の此の心の為であり、そして、それがまた、自分の悩みとなり、苦しみとなるのであると、真に気づくならば、誰が直さなくてもいいと言っても、直そうと願わずにはおられないではありませんか。直そうと心がけて、どうすれば直るであろうか。なぜ直らぬのであろうかと、自分の心を験《しら》べて、研究して行くべきでありましょう」

「直そうとつとめてゆきましても、此の心が直るでしょうか」

「直るでしょうかとは、何をいうのです。あなたは、直らぬと人が言えば直そうとしないのですか。人が直らぬといえば、ああそうですかと、直すことを断念するつもりですか。直らぬと聞いて直さなければ、あなた自身が、いよいよ苦しみ悩むばかりのことです。……

直ることと、直らぬこととがありましょう。けれども直そうとしない人には、実はどちらも解らないのです。ぜひ、直そうと心懸けていよいよ真面目にとりかかっていってこそ初めて、直ることも分かりましょうし、直らぬということも分かるんです。しかるに、直そうと取り懸かってもみないで、直らぬとしておるのは、それこそ永久に直ることはありません」

「直らぬから、他力信心が得たいんです、他力信心さえ得れば直ると聞いています」

「それを信の予定概念というのです、そういう心がけでは、望む所の信は決して得らるる時はありますまい。信の話を聞いて、誠にうまいことばかりを望んでいるのです。自分は直りたいとも願わず、直そうとも努めないで、他力で直るであろうなどと、自分には少しの力も用いず、そのうちには直るであろう、直してもらえると、予想しているのであります。それゆえ、幾たび講話を聴聞しても、それは馬耳東風であって、耳には聞いてはいますが、心の耳には響かないのであります。体は聞法しても、心は依然として、もとの通り、苦悩も依然として、もとの通りであって、遂には、望み通りにならぬために、腹立たしくさえなってくるのです。自力他力などいうことは、そんなことではありません。ちょっと聞きかじると、すぐ自力とはこの様なもの、他力とはこの様なものと、自分勝手に予想して、予定概念を造りあげて、そしてそうなることを望んだり、待ったりしているのであります。直そうと念願して、法を聴聞すればこそ、我身の罪も悪も知れてきて、直るようにもなるのであります。しかしまた、この心と行いとは、どうしても直らぬということもありますが、それは根本的に、厳密に考えて、究極的にいう場合のことであって数においても、深さにおいても、ここまでは直るが、根本的には無くならぬことをいうのであります。なお進んで求めていくところに、他力信に到達すれば、願力自然の力によって、觸光柔軟《そくこうにゅうなん》の利益《りやく》として、身も心もやわらぐ喜びを得て、善心《ぜんしん》も生ずる様にならしめてくださるのであります。

直らぬなどと決めてかかってはなりません。直そうとつとめ、直ろうと念願することを、忘れてはなりません。この心は道の命であります」

六〇、此の心は直さなくても可いのか

煩悩具足《ぼんのうぐそく》の凡夫《ぼんぶ》じゃから、此の心は死ぬまで直らぬのである。欲深い心も止まねば、瞋《いか》り腹立つ心も直らぬ、愚痴ぶかい心も直らぬ、その直らぬものを、助けて下さる本願じゃと、思うている人がありますが、それは要するに、直さんでもよいのじゃということを、喜んでおるに過ぎないのであります。悪いなりにということは、悪いことはしてもよいのじゃと、解釈しているのであり、悪いことは幾らしてもよいのじゃと、考えているのではありますまいか。

直らないものと、定《き》めているのであり、直さなくてもいいと定めておるのではありませんか。道の上の予定概念ほど、恐ろしいものはありません。それは、まことに、渡りに船なのであります、下地《したじ》は好きなり御意《ぎょい》はよし、といった風でありますから、ちょっと都合の好い話でありますけれども、そういう予定に腰を卸《おろ》している人には、信の利益はないのであります。貪欲なり、瞋恚《しんい》なり、愚痴なり、此の心のために、毎日毎日自分が苦しめられておりながら、それを予定概念によって肯定して、自分をゆるしてやるのですが、しかしながら、それがため困るのは、やはり自分なのでありますす。ですから、かかる人々は、本願に救われていると、自ら許してすましていますけれども、毎日は苦しめられ、悩まされているのであります。

それを逃れようとして、日々働いていますけれども、免《のが》れることができないものですから、ついには死後の未来をねがうようになって、これでも、死んだら極楽に往《い》って、苦しみがなくなって、安楽づくめになるのだぞと、勝手に慰めておるのでありますす。まあ、そうでも思うて置かねば、やり切れないのでありましょう。それゆえ、そこらでお茶を濁しておくのでありましょう。未来は助かると、望《のぞ》みを未来にかけておりますけれども、現在の我心《わがこころ》をのぞいて見れば、ちっとも助かっておらず、喜べておらないで、物足らなさを感じておるに違いないのです。未来こそはといって、喜んでおりますけれども、その人の日常生活とその家庭の中《うち》は、苦悩に充《み》ちておるのではありませんか。親といえども、子といえども、そこには親子の温情の流れは枯渇《こかつ》して、かえって、仇敵《きゅうてき》の如く憎んだり、疑《うた》ぐったり、冷酷な心で、夫婦も、親子も、兄弟も、冷たい石と石との集まりのような生活に、人知れず泣いたり、悲しんだりしているのではありませんか。「聞き得る信の一念に、現当《げんとう》二世の両益《りょうやく》にあずかる」などと、教えの上では聞かされても、それは皆、昔話を聞いているようなもので、ちっとも自分のものと、なっていないのであります。信を得たつもりでおるのですけれども、かかる自力の予定概念のために、たとい未来はと、安心をしたり、喜んでみたりしても、此の世の利益はちっとも得られないで、毎日は悩みと戦うているような、現状を呈しているのでありましょう。

六一、何がありがたいのか

考えてみますと、現在、真宗の繁昌《はんじょう》しているのは、恐らくは、悪はその儘《まま》でよいのだという、現実生活そのままの肯定のためではあるまいかと思われます。それは至極便利なことであって、ちっとも直さなくてもいいというのですから、甚《はなは》だ都合がよい、その点で繁昌しているのではないかと思います。悪いことをしても、罰《ばつ》を当《あ》てずに、可愛《かあい》がってくれるというのですから、その儘とか、此の儘とかいうところが、有難いのでありましょう。有難いと思えば有難いが、また、ちっとも有難くないのでありますす。そのかわり、自分の苦しい心もその儘で、毎日毎日続けているのですから、喜ぼうと思うても、なかなか喜ぶ暇さえない程に、実は苦しみづめなのであります。

六二、半分だけを受け入れた信念

煩悩具足《ぼんのうぐそく》の凡夫《ぼんぶ》を助くる本願と聞いても、助くる本願、ということだけを喜んでおるのであり、自分が煩悩具足であるかどうかということは分かっていないのであります。煩悩具足である自分ということは、簡単にいえば、貪欲《とんよく》、瞋恚《しんい》、愚痴《ぐち》のやまぬ人間ということであり、自分の苦しむのは貪欲のためであり、瞋恚のためであり、愚痴のためであることを知るならば、どうか此の煩悩がなくなりたいと願わずにはおれないのであります。平気な顔をして、煩悩はあってもよいのだなどと、空嘯《そらうそぶ》いておれない筈であります。真面目に考えるならば、どうか此の心を無くしたいものである、無くなりたいものであると、切に切に願うべきでありましょう。また出来るだけは努むべき筈であります。努めても務めても根絶《こんぜつ》せないところにおいてこそ、本願を信楽《しんぎょう》する心も起こるのであります。本願を信楽《しんぎょう》するところに、此の煩悩が自分を悩まさなくなってこそ、初めて有難いという救いの喜びが起こるのであります。

たとい罪業《ざいごう》は深重《じんじゅう》なりとも、かならず弥陀如来《みだにょらい》はすくいましますべし。

（『御文』聖典八三二～八三三頁）

と聞く時、「かならず弥陀如来はすくいましますべし」だけ取って、「たとい罪業は深重なりとも」は、聞かぬ風して走り通っておるのであります。罪業深重が、現在の自分を日々苦しめておるのであることを知れば、罪業深重はやめたいと念願せずにはおれないのであります。苦悩に泣くならば、まず罪業深重に泣かねばならぬのであり、罪業に泣くものは、罪業を止まりたいと、切に願わずにはおれません。此の心なしに、「弥陀如来はすくいましますべし」という言葉は、我《わが》ものとはならないのであります。

たどるべき道筋をたどらずして、自分勝手に予想概念をつくってかかるから、いつまでも困らねばならないのであります。助からないのであります。

六三、信仰の門外漢

自己に便宜なように、予想概念をつくるのは、つまり、自分は出来るだけ楽をして、考えるべきことも考えず、出来ることも為さないで幸福の結果だけを掴《つか》もうと目論《もくろ》んでいる、ずるい考えからであります。自分は好き気儘《きまま》で、それが間違いであっても、やめようとせず、そして、助けるのは仏の役だという風に、考えておる横着な心があるからであります。もとより、助からぬのに無理はありません。それを他力などと思うているのは勿体《もったい》ないことです。

煩悩《ぼんのう》は命のある限りやまぬとか、煩悩のなりに助かるとか、罪悪は止まぬものであるとかいうていることは、なくなりたいと願い、止めたいと願うている人の、いうことであります。それは初めから予定することではなく、その言葉は、道に深く進みつつある人の衷心《ちゅうしん》の懺悔《ざんげ》であらねばなりません。

茶の湯は、一生やっても、達せられぬものであるということや、生け花は、一生かかっても達せられぬものとか、音楽は一生やってもやればやるほど難しいとか、学問は一生かかっても分からぬということは、皆それぞれ、やった人のいうことでありま す。その道に入らざる人や、初心のものの、いうことではありません。また分かることでもありません。だといって、実地にやっていて、そう言う人は、余程《よほど》出来ている人であるに違いないのであります。達したなどと思うているのは、恐らくは自惚《うぬぼ》れでありましょう。難しいものであるとか、達しられぬものと聞いて、そんなものなら、初めから止めて置こうと考える人があるならば、その人は道に指を染めておらない、門外漢《もんがいかん》であります。

いくら聞法したいといっても、煩悩が自分を苦しめておると知りながら、煩悩をやめたい、やまりたいとさえ思わない人は、門外に立っている人であります、いまだ道に指を染めておらない人であります。

悩む心が止まってこそ、現実の上の法悦があり、止めようとしても、止まらぬ自己を知るとき、いよいよ、仏果涅槃《ぶっかねはん》を未来に望むのであります。

「為足《したた》らぬと思う孝行が行《ゆ》きとどき」という諺があります。孝行ができぬできぬという歎きは、やっておる人の言葉であり、やれておる人の言葉であります。その声のみを聞いて、出来そうにもないから、しないで置こうと考えるものは、孝についての門外漢であります。

予定概念を先立たしてはなりません。四年級の人と、一年級の人とは違います。一年級を経ねば四年級のことは分かりません。歩みが違います。進んだ人の声を真似ても、それは全くの徒《いたずら》ごとであります。

心得たと思うは、心得ぬなり。心得ぬと思うは、こころえたるなり。弥陀《みだ》の御たすけあるべきことのとうとさよと思うが、心得たるなり。少しも、心得たると思うことは、あるまじきことなり。（『蓮如上人御一代記聞書』聖典八九四頁）

これと反対に、信心を得れば、此の心と此の行《おこな》いは直るもの、という予定概念を造っている人があります。それがために、直らぬ直らぬといって、その事ばかりを苦にしている人があります。即ち、此の悪心《あくしん》と悪行《あくぎょう》とが直れば、それを信をえたものであるという確証として、安心しようと思うているのであります。しかしながら、そんな予定概念を有《も》っておるがために、真実に道が求められないのであります。実は自己の罪悪に泣いているのでもなく、懺悔《ざんげ》をしているのでもなく、無論、信を得ているのかどうかも、至極怪《しごくあや》しいのであります。しかるに、ただ、心と行いの直ることによって、これを信の確証としようとし、そして信を得たという喜びと、安心を味わいたいと思うているのであります。それよりは、直らないで悩むその心の助かる道を求むべきであります。もっともっと真摯《しんし》に辿《たど》って、求道につとめねばならないのに、その手をゆるめて、もうここらでよかろうと、求道の手をやめて、自分の信を試《ため》してばかりいるのであります。試してみて落第ならば、さっさと、元の道に立ちかえって、心を新しくして求むべきであります。

六四、自分が変われば他も変わる

人間はすべて利巧《りこう》に、かつ不精《ぶしょう》にできていますから、自分の助かりたいことばかりを望んで、自分を見ようとせず、自分に手をかけようとせずして、自分は現状のままに手を拱《こまね》いて、周囲の人を変化せしめて、楽々と幸福になろうと企てます。

その一つとして、多くの人々の中には、聞法の正客《しょうきゃく》を他人とし、自分をお相伴《しょうばん》の地位に置こうとするものであります。私が家庭法話に頼まれて行ってみますと、こういう場合がしばしばあります。

主人が聞くような風をして、実はその妻に聞かそうとしているのであります。彼の心を変化せしめて、自分の苦労を助かろうとしているのであります。あるいは、その妻君は自分が聞く為《た》めではなくして、主人に聞かせようとしているのであります。自分が第二で他《ひと》が第一の正客なのであります。ことによると、一家族が一人《にん》も聞法しておらないことがあります。主人は妻の心を直さんと欲《おも》うておるのであって、自分は聞こうとしていないのであり。その妻は自分に聞こうとせずして、主人に聞かして、主人の心が直って欲しいのであります。親は子に聞かさんとし、子は親に聞かさんとしておるのです。皆が熱心に聴いておるようですけれども、篤《とく》とその心根《こころね》をさぐってみると、実は皆同様に、正客が他《ひと》であって、自分は聞こうとしていないのであります。これは宗教利用家の一種でありまして、自己の求道《きゅうどう》がないのでありますから、実は自分に聞こうとしている人は、一人もおらないのであります。頭数は沢山並んでいても、空き家で話をしておるようなものであります。主人は店員が聞けばよいと思うており、店員は主人が聞けばよいと思うておる。坊さんは、檀家《だんか》や来集《らいしゅう》が聞けばよいと思うており、檀家は、坊さんがちと聞けばいいと思うておるという風であります。

ある時、「妻が悩んでいますから、どうか話に来てくれ」と、懇請《こんせい》せられて行ったことがありまして、「細君に聞かすもよいけれども、細君がいろいろの事に悩み悶えていることは、主人自身の悩みであるのであるから、あなた自身が、まず此の苦しい悩みをどうしようかと、道を求めて聞かねばならぬのではありませんか」と言いましたら、「ああそうでした、これは誤っていました。私は妻が悩みますから妻が聞けばいいとばかり思うていましたが、聞かねばならぬのは私でした。解りました、能く解りました。妻は第一にすべきではありません、私が第一に聞かねばならぬのでした。どうぞ妻にも聞かしてやって下さい。しかし、私もその時は、電話をかけて下されば、すぐ店から帰って来ますから」といって、その後は、自分の問題として道を求め、時間がなくても、十分間でも、店から帰られた人がありました。私は真《まこと》に快く嬉しかったことであります。

多くの人は、妻に妻にというて、悩める妻によって悩んでいる、自分を忘れているのであります。妻に聞かさねばならぬと、自分が頼みに来ねばならぬほどに、悩んでおる自分を知らないのであります。妻として、夫に対する場合も同様であります。自分自《みずか》らでもよいが、他《ひと》から曳《ひ》いて、自分が求めなければならぬ身であることに、気づいた人は仕合《しあわ》せであります。

自分が喜べば他《ひと》も喜ぶ。自分が安心すれば他も安心する。幾分でも安心するものであります。自分が助かれば人も助かる、自分が歩めば人もついてくる。人を動かすことは難しいが、自分の動くことは易《やす》いのであります。自分が変われば人も変わります。知らず識《し》らず、自然にきっと変わります。人が変われば境遇も変わります。何もかも変わります。

忽然《こつぜん》と変わらないにしても、自然の裡《うち》に変わります、一歩一歩は明了に分からないけれども、しばらくして、後ろを振り返ってみるならば、きっと、驚くほどに変わっているものです。人を動かそうとするより、自分が動いた方が速いのであります。実はそれより外《ほか》に道はないのであります。道は個人的なものであります。

六五、求道者と賛成者

田舎廻《まわ》りの、説教者の秘訣というのを聞いたことがあります。それは、昼間の説教では、青年男女の心得の誤りのことを説くのである。そうすると日中に参詣するのは、用のない年寄ばかりであるから、大変皆が喜ぶのである。そして若い者の改《あらた》めねばならぬことを、諄諄《じゅんじゅん》と、若い者の悪口半分に説きつのると、その晩からは屹度《きっと》、若い者が多く集まってくる。それは年寄りが家に帰って、今度の説教の有難いことを吹《ふい》聴《ちょう》して、是非《ぜひ》参れと若いものを勧めて、追い出す様につとめるからである。そして自分は喜んで留守番をしておるから、年寄りはちっとも来ない。さて夜の説教には、老人のかたくななことや、気儘《きまま》なことなどを話して、老人の悪口などを言うて、笑わせたり、喜ばせたりして、是非老人の慎まねばならぬことを説く。そうすると、若い者は家に帰って、常には老人が家の用事をせずに、寺詣りをするというて怒るのが、今度は反対に、此んな話こそは老人に聞かして置かねばならぬと、家の事はかまわぬから、お寺へ参って能く聴聞《ちょうもん》してきなさいと、老人を追い出す。これを二、三日続けるとどんな大きな御堂《みどう》でも、立錐《りっすい》の余地なきまでに参聴者を得ることができるというのである。実際かどうかは分かりませんが、これは人情の欠点につけ込んだ方法であって、ともかくも、成る程と首肯《うなず》かさるることであります。つまり、自分にうるさいことや、痛いことは、嫌なことですから、他の者を動かして自分の苦しみを去り、楽を得ようとする功利的な考えであります。かかる行き方では、その人自身は、永久に仕合せにはならないのであります。

つまり、真の求道者はいないのであって、賛成者ばかりなのであります。

六六、原因の不明瞭なる場合

求道聞法《きゅうどうもんぼう》する人に、二種類の人があるようであります。その一は、何かしら苦しい悩ましいという人、その二は、何々のことについて悩んでおると自知《じち》せる人であります。第一の場合の人にあっては、これ一つと取り出してみると、堪らぬほどの悩みではないけれども、なんとなく悩ましいのであって、その悩ましく苦しい原因が、どうも分からぬ場合であります。多くの人は此の類《たぐい》であります。しかしながら、この悩苦《のうく》から助かろうと念《おも》えば、その原因に遡《さかのぼ》って、たずねねばならぬのであります。

ちょうど病院にいって身体検査をしてもらうように、悩みの原因がどこにあるかを、分析的にさがさねばならぬのであります。それがためには、教えを聞かねばならんのであります。教えによって自己の悩苦《のうく》が分析されて、これに原因しておると、凡《すべ》ての根本原因はこれであるということを知るのであります。第一に自己の悩苦《のうく》の原因が知れたならば、さて、此の原因は、どうすればなくなるかということを、攻究してゆくべきであります。そこに自力と他力のみちが現出するのであります。

ただ聞いてさえおれば、その内には何とかなるということは、あり得ないことであります。聞いてさえおればというのは、聞いておる間に、こういうことが聞こえてくるだろう、為《ため》に、聞いてさえいればというのであります。単に聞いているばかりで、かかることに気づかぬならば、折角の聞法は所詮《しょせん》のないこととなります。

七色板《しょくばん》を回転しますと、何色ともつかぬ一種の色が現れます。何色だか分からぬこの色が、何色と何色から成っているということは、静かに調べねば分からぬことであります。それを釈尊《しゃくそん》は、四苦《しく》あるいは八苦《はっく》として、話されているのであります。四苦とは、生苦と老苦と病苦と死苦とであります。それに求不得苦《ぐふとっく》と、怨憎会苦《おんぞうえく》と、五蘊盛苦《ごうんじょうく》と、愛別離苦《あいべつりく》の四つを加えて、八苦と数えられているのです。そのどれに悩んでいるのかというのであります。それが明らかならずしては、助かりようもなく、助けようもないのであります。

私の友達の話に、若い娘さんが、右の太股《ふともも》に腫物《できもの》ができて、とうとう御医者へ行きました。診察室に通されて、一体、どこが悪いのかと問われて、娘さんは若《も》し切られてはと思ったので、畏《おそ》る畏る、「脚に腫物《できもの》ができまして、痛むのであります」というと、御医者は、「どれ診せて御覧」といわれたが、さて恥ずかしいものですから、おどおどしていますと、御医者はたまりかねて、「こちらですか、右ですか」と尋ねられた。いよいよ、これは堪《たま》らぬと思って、「イエ、こちらです」と、左の脚を出したのであります。御医者は裾をまくって、「ここですか」というと、「イイェ」という。もう少しまくって、「ここですか」というと、「イイェ」と答える。「別段、悪いようにもないじゃないか」といわれて、「ヘイ、どうも有難うございました、どうも御厄介でございました」と、能《よ》く礼をいい、診察料を差し出して帰ったというのでありま す。此の話を聞いて皆笑わぬ者はありませんでしたが、生活問題に悩みを有《も》っておったり、夫婦間の問題や、家庭の問題に悩みを有《も》っておりながら、そちらの脚の手当をせないで、未来の問題、死の問題について、求道聞法したりしているのは、痛くない脚を出しているようなものであります。そして有難う有難うと礼をいうて帰りますが、しかしながら、実際に痛む右の問題は、ちっとも治らずに、依然《いぜん》痛みを加えて、悩みを増すばかりであります。死が悩苦となっておるなら、死の問題を引っ提《さ》げて聞法するがよろしい。しかし、それでないのにその問題を聞いていても、それは畳の上の水練《すいれん》であります。

涅槃《ねはん》を願うのは、生老病死の四苦の悩みから離れたいためであります。求道はその悉《ことごと》くであらねばなりません。その悉くでありますから、問題は単なる未来の問題ではなく、また単なる現在の問題ではありません。しかし我は今何に悩んでいるのかを能く知らねばならぬのであります。それが先決問題であります。

それは、極めて分かりきったことの様であって、実はなかなか分かり兼ねるのであります。ひとり考えておっても分からないものであります。それゆえ、教法《きょうぼう》を聞かねばならぬのであります。教法を聞いてそして経験ある人に、能《よ》く能く相談談合すべきであります。それを道の友といい、善知識というのであります。『蓮如上人御一代記聞書』には、

誰《たれ》にとい申すべき由、うかがい申しければ、「仏法だにもあらば、上下をいわずとうべし。仏法は、しりそうもなきものがしるぞ。」

（『蓮如上人御一代記聞書』聖典八八五頁）

とあります。

六七、悩みの原因が容易に判らぬ

五、六年前のことであります。ある時、私は何となく、苦しくてならぬことがありました。どういう訳であろうと、考えてみますけれども、一向分からないのでありま

す。原因をたずねて、ひとり静かに考えてみましたが、どうしてもわかりません。一体、私はどうしたのだろう、身体は健康であるし、家族の状態は、先月も同じことであるし、考えても考えても、原因が分からないのであります。気分の問題であろうと、友人の家を訪問して、快談《かいだん》しつつ夕食を共にしました。大抵の場合は、その友人と心置きなく談じ興じますと、気が晴れて元気を快復するのでしたのに、それでも何の効果もなく、友と別れて家に帰って酒も醒めると、依然として面白くない、そんな風で、連日快々《おうおう》として楽しまぬのであります。そんな時は、いつも『聖典』を繙《ひもと》いて、静かに耽読《たんどく》すると浩然《こうぜん》となるのでしたのに、それも駄目です。

心静かに仏前の勤行《ごんぎょう》をしても駄目、つとめて御念仏を申し申し、法話に行く。法話をしておる間は多少有難さに紛れるけれども、その家を出てひとり道を行くとなると、もう駄目になって、法話をした自分が恥ずかしくなるのであります。仕方がないから、道々御念仏を申しながら、うつらうつらと鬱《ふさ》ぎ込んで考えているのでした。私は前にも後にもこんな困った事は、近年にありません。気になり出すと一層気になるものです。一週間目位の後、もう仕様がないと覚悟して、朝から書斎に入って一心に『聖典』を拝読していました。すると、ふと解ったのであります。解って仕舞えば何でもないので、独り、クスクスと笑ったことであります。それは、ひょっとすると、金がないからでないかしらと気がついて、懐中《ふところ》に手を入れてみましら、ああそうだそうだと、初めて解ったのであります。今思い出しても笑えて来ます、その時の心もちは能く覚えています。それは沢山の人数の家庭をかかえて、しかも嚢中《のうちゅう》が甚だ寒かったのであって、無いに等しい程になっていたのでありました。それを一週間程前から、薄々知っておるものですから、何となく気が変になって鬱《ふさ》ぎがちになるのであったのです。さればといって、借金取りが来るというのではなし、必要品が買えぬというでもなく、米はまだあるし、それだものですから、直ちに金が原因じゃとは、気がつかないのであります。しかしながら、何を見ても面白くなく、考えるともなく考え込むのです。つまり自覚せざる潜在意識が、金の為に、恐怖と不安を醸《かも》しておったのであります。心の病気がここにあるのに、『聖典』を拝読《はいどく》しても、それは消えよう道理がありません。御念仏申したって駄目なんです、たとい、友と快談しても、食を共にして古今を談じても、酒を酌んでも駄目な筈であります。悩みの原因が明らかならずして、悩みの無くなる方法は講《こう》じられようがありません。しかし、その原因が金であったと解ってみれば、貧乏に経験のある私は、すぐ解決がつくのであります。それはその場合、必要が起これば親しい人から、三十円や五十円は直ぐ借りることができるのであり、三人や、五人はそんな方があるのですから、米を食うて暮らすのに、さしずめ当惑《とうわく》するのではありません。よし貸して下さらぬとしても、書物や我楽多道具を売っても、三十金《きん》や五十金《きん》は直ぐできるのですから、銭入れに金の淋しいくらいは、何のことはないのです。しかし、それが分かるまでというものは、ここに言いようのない悶えと悩みとを感じて困ったのであります。

私は、原因をたずねて、内へ内へと向かわれた釈尊の、苦《く》集《じゅう》滅《めつ》道《どう》の四《し》聖《しょう》諦《たい》の教えを、つくづく有難いとおもいます。

六八、原因の明瞭なる場合

第二は、悩ましい原因が、明瞭に自覚されておる場合でありますが、多くは、他人に、明けらなんこに打ち出しかねることが多いものであります。他人の前へ持ち出せるくらいのことなら、悩みは少ないのですけれども、事の大小を論ぜず、出すことのできない問題であるために、困るのであります。しかし、それについて最も早く解決の道を得ようと願うならば、自分の信ずる友達であって、解決の道を教えてくれると思う人に、包まず打ち明けて相談することが、一番早い道であります。しかしながら、そういう信ずる友を有しておらないならば、それは仕方がない、その自知《じち》せる原因を抱いて、如何にすればこの苦悩より免れることが出来ようかと、根気よく仏法を聞くより外に、方法はありません。説かるる教えが、自分の問題に、適切に触れるのを待つのでありますから、もとより偶然の機会を待ちもうくるのであります。それゆえ厭《えん》足《そく》の心を起こさないで、根気よく聞法すべきであります。そしてなるべくその問題に適合するよう、ことによそえてなりとも、談合すべきであります。忠実に求道して、静かに聞き、静かに読むならば、仏の御慈悲ですから、仏の御念力《ごねんりき》によって、きっと、救いの道に出していただける時が来るのであります。

他力信心は、自分の努力によって、築きあげることの出来ないものでありますから、自分勝手に、如何に焦《あせ》っても、急いでも、それで望みの如く得らるるものではありません、それゆえ難信《なんしん》の法でありますが、踏み出しから誤らないように、どこまでも自分を見失わない様に、正しく進み求めて、一歩一歩踏みしめ踏みしめて、教えを聞いてゆくばかりであります。

陽気・陰気《いんき》とてあり。されば、陽気をうくる花は、はやくひらくなり。陰気とて、日《ひ》陰《かげ》の花は、おそくさくなり。かように、宿善《しゅくぜん》も遅速《ちそく》あり。されば、已今当《いこんとう》の往生あり。弥陀《みだ》の光明にあいて、はやくひらくる人もあり、遅《おそ》くひらくる人もあり。とにかくに、信《しん》・不信《ふしん》、ともに、仏法を心に入れて、聴聞《ちょうもん》申すべきなりと云々。已今当《いこんとう》の事、前々住《ぜんぜんじゅう》上人、仰《おお》せられ候うと云々。「きのうあらわす人もあり。きょうあらわす人もあり。あすあらわす人もあり」と、仰せられしと云々

（『蓮如上人御一代記聞書』聖典九一三頁）

あとがき

此度、祖父蜂屋賢喜代《はちやよしきよ》の『聞法の用意』を現代の読者に解りやすく校訂する機会を得て喜んでおります。これは、浄土真宗で大切にしている聞法に関する心得を述べたものです。法について詳しく知りたい方は、蜂屋賢喜代『歎異鈔講話』校訂版（北樹出版二〇一八年一月刊行予定）をお読みください。

熱心に出版を勧めてくださった名倉幹氏、法藏館との仲介の労をとってくださった墨林浩氏、丁寧な校正をしてくださった和田真雄氏に末筆ながら篤く感謝したいと思います。

二〇一七年一二月一三日

伊藤淳子

著者略歴

蜂屋賢喜代（はちや　よしきよ）

1880年　9月10日大阪市東区谷町慶徳寺《きょうとくじ》に生まれる。
1905年　東京巣鴨、真宗大学本科（現大谷大学）卒業。
1918年　雑誌『成同』を刊行し布教・伝道活動展開。
1924年　大阪天王寺の光照寺の住職となる。
1964年　12月13日　84歳逝去。

著書

『人間道』『仏天を仰いで』『病める人へ』『歎異鈔講話』『蓮如上人御一代記聞書講話』『正信偈講話』『苦の探究』『四十八願講話』等

聞法《もんぼう》の用意《ようい》〔校訂版〕

二〇一八年一月二三日　初版第一刷発行

著　者　蜂屋賢喜代

発行者　西村明高

発行所　株式会社　法藏館
京都市下京区正面通烏丸東入
郵便番号　六〇〇－八一五三
電話　〇七五－三四三－〇〇三〇（編集）
〇七五－三四三－五六五六（営業）

装幀　山崎　登

印刷・製本　亜細亜印刷株式会社

ISBN 978-4-8318-8766-5 C0015